최신판
크라운출판사 명품도서

조리기능장 한식편
실기시험문제

들어가는 말

최근 특급호텔과 전문레스토랑이 국내에 많이 오픈되고 대학의 조리관련학과가 개설되면서 전문학교, 학원, 문화센터 등에서도 요리에 대한 관심이 높아져 조리관련학과 학생은 물론 직장인, 주부들까지도 자격증 취득을 하는 열풍이 일어나고 있습니다.

취업을 위한 경쟁이 심화되면서 고등학교 및 조리관련 대학전공자들은 한식·양식·중식·일식·복어 조리기능사, 산업기사 및 제과·제빵기능사 취득은 물론 더 나아가 조주사, 소믈리에, 바리스타 등 국가·민간자격증을 취득한 후 졸업을 하고 있습니다. 그래서 호텔 또는 전문레스토랑에 취업하고자 할 때 자격증의 취득 유·무는 현실적으로 필요 불가결하게 적용되며, 취업 후에도 현장에서 개개인의 역량평가에서도 중요한 이유가 되고 있다. 또한 기업에서도 희망퇴직·구조조정 등으로 기능직도 정년보장이 되지 않은 불안정한 노동시장에서 자기개발을 위한 노력이 더욱더 필요하게 되었습니다.
특히 2000년 이후 한국음식의 세계화를 위해 정부는 물론 전문가들의 연구가 끊임없이 이루어지고 있고, 건강지향적인 한국음식의 발전에도 힘을 쏟고 있습니다. 그리하여 한식조리 관련자는 물론 타 조리관련자까지도 한식관련 자격증 취득이 무엇보다도 중요해지고 있습니다.

따라서 좀 더 쉽게 조리기능장 자격증을 취득할 수 있도록 다년간의 현장경험과 교육경험 그리고 기능사, 산업기사, 기능장 시험 감독위원 경험을 바탕으로 이 책을 집필하였습니다.
짧은 시간에도 수험생들이 효과적인 학습을 할 수 있도록 한국의 전통음식과 궁중음식, 향토음식 등 한식조리과정을 수록하고, 또한 다년간의 기출문제를 분석하고, 예상문제를 쉽고 명확하게 설명하였으며 마지막 정리로 학습 후 정확하고 체계적인 음식을 효율적으로 만들어 자격증 취득을 용이하게 하기 위하여 이 교재를 집필하게 되었습니다.
최근 출제시험 기준에 맞게 또 열정을 다해 집필하였지만 부족한 부분에 대해서는 수정·보완을 거듭할 것을 약속드립니다.

이 교재를 통해 조리기능장 자격검정을 준비하는 모든 수험생들에게 합격의 영광과 함께 보다 더 한국음식을 사랑하고 올바른 조리방법을 터득하는 기회가 되길 기원합니다.

끝으로 이 교재 집필에 도움을 주신 관계자 여러분과 크라운출판사 이상원 회장님과 특별기획편집부의 모든 직원 여러분께 진심으로 감사드리며, 수험생 여러분에게 꼭 합격의 영광이 있기를 다시 한 번 기원합니다.

저자일동

조리기능장 실기시험문제 Contents

들어가는 말	5
조리기능장 시험안내	8
조리기능장 실기시험 출제기준	12
조리기능장 기출문제(2007~2016)	16

Part 01 조리기능장 이론편

01. 한국음식의 특징	20
02. 한국음식의 기본고명	21
03. 한국음식의 역사	24
04. 한국음식의 종류	25
05. 한국음식의 상차림	29
06. 한국음식의 식사예절	31

Part 02 조리기능장 실기편

01. 갈치조림	34
02. 게감정	35
03. 계강과	36
04. 골동반	37
05. 과편	38
06. 구절판	39
07. 규아상	40
08. 깨즙채	41
09. 너비아니구이	42
10. 녹두빈대떡	43
11. 느타리버섯산적	44
12. 닭고기겨자채	45
13. 닭찜	46
14. 대추단자	47
15. 대추죽	48
16. 대추초·밤초	49
17. 대하잣즙무침	50
18. 대하찜	51
19. 대합구이	52
20. 대합찜	53
21. 도라지나물	54
22. 도라지정과	55
23. 도미면	56
24. 도미찜	57
25. 두부선	58
26. 두부전골	59
27. 떡갈비구이	60
28. 떡수단	61
29. 떡찜	62
30. 마른안주(호두튀김, 생율, 은행꽂이, 다시마매듭자반)	63
31. 면신선로	64
32. 명란젓찌개	65
33. 모약과	66
34. 무말이강회	67
35. 무맑은국	68
36. 미나리강회	69
37. 미역자반	70
38. 밀쌈	71
39. 버섯죽	72
40. 병시	73
41. 부추김치	74
42. 북어구이	75
43. 사슬적	76
44. 삼계탕	77
45. 삼색경단	78
46. 삼색매작과	79
47. 삼색밀쌈	80
48. 삼색북어보푸라기	81
49. 삼합장과	82
50. 새우겨자채	83
51. 새우전	84

52. 생선전	85		85. 조랭이떡국	118
53. 석류탕	86		86. 주악	119
54. 섭산삼	87		87. 죽순채	120
55. 소갈비구이	88		88. 준치만두	121
56. 소고기편채	89		89. 청포묵무침	122
57. 승기악탕	90		90. 취나물	123
58. 신선로	91		91. 콩나물무침	124
59. 아욱된장국	92		92. 파전	125
60. 양동구리	93		93. 편수	126
61. 양지머리편육	94		94. 표고전	127
62. 어만두	95		95. 호박전	128
63. 어선	96		96. 호박죽	129
64. 어채	97		97. 호박오가리찌개	130
65. 연근정과	98		98. 궁중닭찜	131
66. 영양밥	99		99. 꽃게찜	132
67. 오이감정	100		100. 녹두죽	133
68. 오이선	101		101. 느타리버섯고추전	134
69. 오징어솔방울구이	102		102. 도라지대추나물	135
70. 오징어순대	103		103. 백합(대합)죽	136
71. 옥수수전	104		104. 삼색전(호박전, 표고전, 생선전)	137
72. 온면	105		105. 숙주채	138
73. 용봉탕	106		106. 장떡	139
74. 우메기	107		107. 강란(생란, 생강란)	140
75. 우설찜	108		108. 찰수수부꾸미	141
76. 원소병	109		109. 만두과	142
77. 월과채	110		110. 닭온반	143
78. 율란·조란	111		111. 가지선	144
79. 임자수탕	112		112. 보쌈김치	145
80. 잡곡부침	113		참고문헌	146
81. 잣구리	114		부록 조리기능장 예상문제 50선	
82. 장김치	115			
83. 장산적	116			
84. 전복죽	117			

조리기능장 시험안내

1 조리기능장 개요

조리에 관한 최상급 숙련기능을 가지고 산업현장에서 작업관리, 소속기능인력의 지도 및 감독, 현장훈련, 경영 계층과 생산 계층을 유기적으로 연계시켜 주는 현장관리 등의 업무를 수행할 수 있는 인력양성을 목적으로 자격제도를 제정하였다.

2 수행준거

① 한식, 양식, 중식, 일식, 복어조리의 고유한 형태와 맛을 표현할 수 있을 것(한식조리를 공통으로 하여 양식, 일식, 중식, 복어조리 중 택 1)
② 식재료의 특성을 이해하고 용도에 맞게 손질할 수 있을 것
③ 레시피를 정확하게 숙지하고 적절한 도구 및 기구를 사용할 수 있을 것
④ 기초 조리기술이 능숙할 것
⑤ 조리과정이 위생적이며 정리정돈을 잘할 수 있을 것

3 진로 및 전망

식품접객업 및 집단 급식소 등에서 조리사로 근무하거나 운영이 가능하며, 조리에 대한 전문가로 인정받게 되면 높은 수익과 직업적 안정성을 보장받게 된다.
– 식품위생법상 대통령령이 정하는 식품접객영업자(복어조리, 판매영업 등)와 집단급식소의 운영자는 조리사 자격을 취득하고, 시장·군수·구청장의 면허를 받은 조리사를 두어야 한다.

4 자격시험안내

(1) **시행처** : 한국산업인력공단(http://www.q-net.or.kr)
(2) **응시자격**
① 응시하려는 종목이 속한 동일 및 유사 직무분야의 산업기사 또는 기능사 자격을 취득한 후 「근로자직업능력 개발법」에 따라 설립된 기능대학의 기능장 과정을 마친 이수자 또는 그 이수예정자
② 산업기사 등급 이상의 자격을 취득한 후 응시하려는 종목이 속한 동일 및 유사 직무 분야에서 5년 이상 실무에 종사한 사람
③ 기능사 자격을 취득한 후 응시하려는 종목이 속한 동일 및 유사 직무 분야에서 7년 이상 실무에 종사한 사람
④ 응시하려는 종목이 속한 동일 및 유사 직무 분야에서 9년 이상 실무에 종사한 사람
⑤ 응시하려는 종목이 속한 동일 직무 분야의 다른 종목의 기능장 등급의 자격을 취득한 사람
⑥ 외국에서 동일한 종목에 해당하는 자격을 취득한 사람

(3) 취득방법
① 시험일자

구분	필기원서 접수	필기시험	필기합격 (예정자)발표	실기원서 접수	실기시험	최종합격 발표일
1회 기능장	3월 중순	4월 초	4월 중순	4월 중순	5월 말~6월 초	6월 말
2회 기능장	6월 말~7월 초	7월 중순	7월 말	8월 초	9월 초~중순	10월 중순

② 시험과목
- 필기 : 공중 및 식품위생, 식품학, 조리이론, 원가계산, 한식, 양식, 중식, 일식 및 복어 조리에 관한 사항
- 실기 : 조리작업

(4) 검정방법 및 합격기준

구분	조리기능장
검정방법	• 필기 : 객관식 4지 택일형 60문항(60분) • 실기 : 작업형(5시간 정도)
합격기준	• 필기 : 100점 만점에 60점 이상 • 실기 : 100점 만점에 60점 이상

5 실기시험 진행 방법

① 수험자는 자신의 수검번호와 시험날짜 및 시간, 장소를 정확히 확인하여 지정된 시험시간 30분 전에 시험장에 도착하여 수험자 대기실에서 대기한다.
② 출석을 확인한 후 비번호(등번호)를 배정받고 대기실에서 실기시험장 내로 이동한다.
③ 각자의 등번호와 같은 조리대를 찾아 개인 준비물을 꺼내 놓고 정돈하며 본부요원의 지시에 따라 시험 볼 주재료와 양념류를 확인하고 조리기구를 점검한다.
④ 지급재료 목록표와 본인이 지급받은 재료를 비교하여 차이가 없는지 확인하여 차이가 있으면 시험위원에게 알려 시험이 시작되기 전에 조치를 받도록 한다.
⑤ 시험 시작을 알리면 음식 만들기에 들어간다.
⑥ 수험자 요구사항을 충분히 숙지하여 정해진 시간 내에 지정된 조리작품 2가지를 만들어 등번호표와 함께 제출하고 이어서 청소 및 정돈을 한다.
⑦ 익혀야 할 음식을 익히지 않았거나 태웠을 경우, 요구사항에 나와 있는 작품의 개수보다 부족할 경우, 연장시간을 사용할 경우 채점 대상에서 제외된다.

6 시험장에서의 주의사항

① 조리기능장으로서 갖추어야 할 조리 숙련도와 작품의 예술성을 나타내어야 합니다.
② 시설은 지정된 것을 사용하여야 하고 지정된 지참공구목록 이외의 조리기구나 재료를 시험장 내에 지참할 수 없습니다.

③ 조리기구 중 가스렌지 및 칼 등을 사용할 때에는 안전에 유념하여야 합니다.
④ 지급재료는 1회에 한하여 지급되며 재지급은 하지 않습니다.
(수험자가 조리 작업 시작 전에, 지급된 재료를 검수하여 불량재료 또는 지급량이 부족하다고 판단될 경우에는 즉시 시험위원에게 통보하여 교환 또는 추가지급을 받도록 합니다.)
⑤ 지급된 재료는 최대한 활용합니다.
⑥ 연장시간은 없으며 표준시간을 초과할 경우 미완성으로 채점대상에서 제외합니다.
⑦ 다음과 같은 경우에는 채점대상에서 제외합니다.
- 시험시간 내에 작품을 제출하지 못한 경우 : 미완성
- 시험시간 내에 제출된 작품이라도 다음과 같은 경우
  - 불을 사용하여 만든 조리작품이 작품특성에 벗어나는 정도로 타거나 익지 않은 경우 : 실격
  - 구이를 찜으로 조리하는 등과 같이 요리의 형태를 다르게 만든 경우 : 오작
  - 문제의 요구사항대로 과제의 수량이 만들어지지 않은 경우 : 미완성
  - 시험 중 시설·장비(칼, 가스레인지 등) 사용 시 감독위원 및 타수험자의 시험 진행에 위협이 될 것으로 감독위원 전원이 합의하여 판단할 경우 : 실격
⑧ 완료 후 작품을 지정된 장소에 신속히 제출하여야 합니다.
⑨ 작품을 제출한 다음 본인이 조리한 장소의 주변을 깨끗이 청소하고 조리기구를 정돈한 후 지시에 따라 퇴실합니다.

 ## 실기시험시 수험자 지참도구

지참공구명	규격	수량	지참공구명	규격	수량
위생복	상의-백색, 하의-긴바지(색상무관)	1벌	대바칼, 사시미칼 (껍질까는 칼)	소형	1개
위생모 또는 머리수건	백색	1개	소창 또는 면포	30×30cm	2장
앞치마	백색(남, 여 공용)	1개	후라이팬	소형	1개
위생타올	–	2매	롱스푼(구멍, 일반)	–	1개
조리칼	고기, 야채용	1개	차스푼	–	2개
고무주걱, 나무주걱	소	1개	석쇠	조리용	1개
거품기	중	1개	고기 두드림망치	소	1개
대나무 젓가락	40~50cm	1개	조리용 실(굵은 실)	스테이크 고정용	1개
계량컵	200㎖	1개	쇠조리(혹은 채)	조리용	1개
계량스푼	큰술, 작은술 1/2작은술, 1/4작은술	1세트	종이컵	–	3개
숟가락	조리용, 30cm 정도	2개	비닐팩	–	1개
젓가락	소독저	1개	밀대	소	1개
파링 나이프	소형칼	1개	랩, 호일	조리용	1개
짜주머니	작은 것	1개	김발	20cm 정도	1개
장식튜브	–	1개	국대접	소	1개
제과용 붓	소형	1개	공기	소	1개

8 실기시험시 채점기준표

주요항목 (배점)	세부항목	항목별 채점방법
위생상태 안전관리 (5점)	복장 및 개인위생(2점)	• 복장(위생복, 앞치마, 위생모, 안전화) 착용하기 및 개인위생(두발, 손톱 등)의 청결상태 정도 • 시계, 반지, 귀걸이 등 장신구 착용금지
	조리과정의 위생상태 및 안전관리(3점)	• 각 조리과정에서 재료와 조리기구(도마, 칼, 행주 등)의 취급이 위생적이고 시설·장비(화구, 칼집, 가스밸브 개폐기 사용 등)를 안전하게 사용하는 정도 • 조리 작업 종료 후 가스밸브 잠금장치 할 것
조리의 숙련도 (5점)	조리기구의 취급 및 태도(5점)	각종 조리기구의 취급이 바르고 작업을 민첩하게 수행하는 정도
조리기술 (37점)	재료 다루기(8점)	재료의 손질 및 세척과 주재료의 사용이 적절한 정도
	조리순서(7점)	조리를 순서 있게 능률적으로 하는 정도
	조리방법(7점)	조리조작이 능숙하며 적당한 조리법을 사용하는 정도
	작품의 맛과 색(8점)	작품의 고유한 맛을 지니고 있는 정도
	그릇 담기(7점)	전체적인 조화를 이루면서 먹고 싶은 충동이 생기게끔 담는 정도
정리정돈 및 청소 (3점)	정리정돈 및 청소(3점)	개인별로 지급된 재료 및 각종 기구의 청소, 정리상태, 조리대, 씽크대 등의 청소 정도

9 실기시험 합격자 등록안내

(1) 합격자 발표
공고일로부터 60일 이내

(2) 등록에 필요한 준비물
수검표, 증명사진 1매, 수수료, 주민등록증

(3) 재교부
자격수첩 분실자 및 훼손자에 대하여 자격수첩을 재교부하는 것을 말하며 재교부 신청시는 당초 발급받은 사무소에 신청하면 당일 교부되며, 타 지방사무소에 신청하면 등록사항 조회기간만큼 지연된다.

합격자 발표 및 문의

한국산업인력공단 : www.hrdkorea.or.kr / www.q-net.or.kr
1. 고객센터 : 1644-8000, 실기시험수검사항 공고, 기타 검정일정, 직업교육훈련, 인력관리안내 등
2. 합격자 자동응답 안내 : 060-700-2009

조리기능장 실기시험 출제기준

▶ 실기검정방법 : 작업형
– 한식조리 필수(시험시간 : 2시간 30분)

시험과목	주요항목	세부항목	세세항목
조리 기능장	조리 기초작업	식재료 식별하기	식재료의 상태를 식별할 수 있다.
		식재료별 기초손질및 모양썰기	식재료를 각 음식의 형태와 특징에 따라 분류하고 손질할 수 있다.
		숙련된 기술로 조리하기	숙련된 기술로 정해진 시간 내에 조리할 수 있다.
	한식 조리작업 (필수)	밥·죽류 조리하기	재료를 준비하고 능숙하게 밥·죽류를 조리할 수 있다.
		한식면류 조리하기	재료를 준비하고 능숙하게 한식면류를 조리할 수 있다.
		국과 탕류 조리하기	재료를 준비하고 능숙하게 국과 탕류를 조리할 수 있다.
		전골과 찌개류 조리하기	재료를 준비하고 능숙하게 전골과 찌개류를 조리할 수 있다.
		찜과 선류 조리하기	재료를 준비하고 능숙하게 찜과 선류를 조리할 수 있다.
		생채·숙채·회류 조리하기	재료를 준비하고 능숙하게 생채·숙채·회류를 조리할 수 있다.
		전, 적, 구이, 튀김 조리하기	재료를 준비하고 능숙하게 전, 적, 구이, 튀김을 조리할 수 있다.
		조림, 초, 볶음류 조리하기	재료를 준비하고 능숙하게 조림, 초, 볶음류를 조리할 수 있다.
		마른찬류 조리하기	재료를 준비하고 능숙하게 마른찬류를 조리할 수 있다.
		장아찌류 조리하기	재료를 준비하고 능숙하게 마른찬류를 조리할 수 있다.
		한과류 조리하기	재료를 준비하고 능숙하게 한과류를 조리할 수 있다.
		김치류 조리하기	재료를 준비하고 능숙하게 김치류를 조리할 수 있다.
		음청류 조리하기	재료를 준비하고 능숙하게 음청류를 조리할 수 있다.

양식, 중식, 일식, 복어조리 중 택 1(시험시간 : 2시간 30분)
- 양식조리(선택)

시험과목	주요항목	세부항목	세세항목
조리 기능장	양식 조리작업 (선택)	스톡 조리하기	재료를 준비하고 능숙하게 스톡류를 조리할 수 있다.
		소스 조리하기	재료를 준비하고 능숙하게 소스류를 조리할 수 있다.
		수프 조리하기	재료를 준비하고 능숙하게 수프류를 조리할 수 있다.
		수프류 조리하기	재료를 준비하고 능숙하게 수프류를 조리할 수 있다.
		전채요리 조리하기	재료를 준비하고 능숙하게 전채류를 조리할 수 있다.
		샐러드 조리하기	재료를 준비하고 능숙하게 샐러드류를 조리할 수 있다.
		어패류 요리 조리하기	재료를 준비하고 능숙하게 어패류 요리를 조리할 수 있다.
		육류 요리 조리하기	재료를 준비하고 능숙하게 육류를 조리할 수 있다.
		면류(파스타) 조리하기	재료를 준비하고 능숙하게 파스타류를 조리할 수 있다.
		달걀요리 조리하기	재료를 준비하고 능숙하게 달걀요리를 조리할 수 있다.
		채소류 요리 조리하기	재료를 준비하고 능숙하게 채소류 요리를 조리할 수 있다.
		쌀요리 조리하기	재료를 준비하고 능숙하게 쌀요리를 조리할 수 있다.
		후식 조리하기	재료를 준비하고 능숙하게 후식을 조리할 수 있다.

- 중식조리(선택)

시험과목	주요항목	세부항목	세세항목
조리 기능장	중식 조리작업 (선택)	전채류 조리하기	재료를 준비하고 능숙하게 전채류를 조리할 수 있다.
		생선류 조리하기	재료를 준비하고 능숙하게 생선류를 조리할 수 있다.
		육류 조리하기	재료를 준비하고 능숙하게 육류를 조리할 수 있다.
		가금류 조리하기	재료를 준비하고 능숙하게 가금류를 조리할 수 있다.
		난류 조리하기	재료를 준비하고 능숙하게 난류를 조리할 수 있다.
		채소류 조리하기	재료를 준비하고 능숙하게 채소류를 조리할 수 있다.
		두부류 조리하기	재료를 준비하고 능숙하게 두부류를 조리할 수 있다.
		해산물류 조리하기	재료를 준비하고 능숙하게 해산물류를 조리할 수 있다.
		식사류 조리하기	재료를 준비하고 능숙하게 식사류를 조리할 수 있다.
		수프류 조리하기	재료를 준비하고 능숙하게 수프류를 조리할 수 있다.
		딤섬류 조리하기	재료를 준비하고 능숙하게 딤섬류를 조리할 수 있다.
		코스요리류 조리하기	재료를 준비하고 능숙하게 코스요리류를 조리할 수 있다.
		기타류 조리하기	기타 요리에 대하여 재료를 준비하고 능숙하게 조리할 수 있다.

- 복어조리(선택)

시험과목	주요항목	세부항목	세세항목
조리 기능장	복어 조리작업 (선택)	어종감별하기	• 복어의 계절별 유독성분의 어종구분을 할 수 있다. • 복어의 명칭구분을 할 수 있다.
		독성제거하기	• 복어의 독성 제거작업을 할 수 있다. • 가식 부위와 불가식 부위를 구분할 수 있다.
		기본요리 조리하기	• 재료를 준비하고 능숙하게 껍질무침 요리를 조리할 수 있다. • 재료를 준비하고 능숙하게 복어껍질 굳힘을 조리할 수 있다. • 재료를 준비하고 능숙하게 지리냄비를 조리할 수 있다. • 재료를 준비하고 능숙하게 회류 요리를 조리할 수 있다. • 재료를 준비하고 능숙하게 튀김류 요리를 조리할 수 있다.

― 일식조리(선택)

시험과목	주요항목	세부항목	세세항목
조리 기능장	일식 조리작업 (선택)	무침류 조리하기	재료를 준비하고 능숙하게 무침류를 조리할 수 있다.
		국류 조리하기	재료를 준비하고 능숙하게 국류를 조리할 수 있다.
		회류 조리하기	재료를 준비하고 능숙하게 회류를 조리할 수 있다.
		삶은 요리류, 조림류 조리하기	재료를 준비하고 능숙하게 삶은 요리류, 조림류를 조리할 수 있다.
		구이류 조리하기	재료를 준비하고 능숙하게 구이류를 조리할 수 있다.
		튀김류 조리하기	재료를 준비하고 능숙하게 튀김류를 조리할 수 있다.
		찜류 조리하기	재료를 준비하고 능숙하게 찜류를 조리할 수 있다.
		초무침류 조리하기	재료를 준비하고 능숙하게 초무침류를 조리할 수 있다.
		후식 조리하기	재료를 준비하고 능숙하게 후식을 조리할 수 있다.
		일품요리 조리하기	재료를 준비하고 능숙하게 일품요리를 조리할 수 있다.
		도시락 조리하기	재료를 준비하고 능숙하게 도시락요리를 조리할 수 있다.
		초밥류 조리하기	재료를 준비하고 능숙하게 초밥류를 조리할 수 있다.
		면류 조리하기	재료를 준비하고 능숙하게 면류를 조리할 수 있다.
		볶음류 조리하기	재료를 준비하고 능숙하게 볶음류를 조리할 수 있다.
		냄비류 조리하기	재료를 준비하고 능숙하게 냄비류를 조리할 수 있다.

― 공통

시험과목	주요항목	세부항목	세세항목
조리 기능장	상차림	상차림하기	• 적절한 그릇에 담는 원칙에 따라 음식을 모양 있게 담아 음식의 특성을 살려 낼 수 있다. • 음식이 놓여지는 위치를 알고 배선할 수 있다.
	조리 작업관리	조리작업 위생관리하기	• 조리복·위생모 착용 등 개인위생 및 청결 상태를 유지할 수 있다. • 식재료를 청결하게 취급하며 전 조리과정을 위생적으로 정리정돈하고 관리할 수 있다.

특별부록 조리기능장(한식편) 기출문제(2007~2016)

2007년 기출문제
1. 대추죽, 모약과, 소고기편채, 어만두, 장김치
2. 면신선로, 삼색밀쌈, 삼색전(생선전, 호박전, 표고전), 원소병, 호박죽
3. 마른안주(다시마매듭자반, 생율, 은행꽂이, 호두튀김)
   젖은안주(북어구이, 어선, 오이선, 오징어솔방울구이, 장산적)
4. 두부선, 모약과, 편수
5. 밀쌈, 어만두, 삼계탕, 떡갈비
6. 율란·조란, 석류탕, 장김치, 두부선, 어만두

2008년 기출문제
1. 면상차림(닭찜, 새우겨자채, 양지머리편육, 온면, 장김치, 파전)
2. 대합구이, 버섯죽, 월과채, 주악, 준치만두
3. 구절판, 사슬적, 석류탕, 잣구리
4. 느타리버섯산적, 닭고기겨자채, 대추죽, 도미찜, 아욱된장국, 영양밥
5. 규아상, 연근정과, 임자수탕
6. 면신선로, 삼색밀쌈, 삼색전(생선전, 호박전, 표고전), 원소병, 호박죽
7. 신선로, 율란·조란

2009년 기출문제
1. 미나리강회, 임자수탕, 오이감정, 옥수수전, 청포묵무침
2. 조랭이떡국, 대합찜, 삼색전(새우전, 생선전, 호박전), 섭산삼
3. 떡갈비구이, 삼계탕, 밀쌈, 어만두
4. 떡수단, 삼색북어보푸라기, 신선로, 양동구리, 월과채
5. 석류탕, 도미찜, 대하잣즙무침, 밀쌈, 도라지정과
6. 느타리버섯산적, 닭고기겨자채, 대추죽, 도미찜, 아욱된장국, 영양밥
7. 두부선, 석류탕, 율란·조란, 장김치, 어만두
8. 게감정, 대하찜, 삼색매작과, 어만두, 월과채

2010년 기출문제
1. 구절판, 사슬적, 석류탕, 잣구리
2. 대추죽, 모약과, 소고기편채, 어만두, 장김치
3. 신선로, 율란·조란
4. 사슬적, 용봉탕, 장김치, 전복죽, 취나물
5. 대합구이, 버섯죽, 어만두, 월과채, 주악
6. 두부선, 석류탕, 율란·조란, 장김치, 어만두
7. 대추초·밤초, 두부선, 소갈비구이, 편수
8. 면신선로, 삼색밀쌈, 삼색전(생선전, 호박전, 표고전), 원소병, 호박죽

2011년 기출문제
1. 떡갈비, 밀쌈, 삼계탕, 어만두
2. 궁중닭찜, 꽃게찜, 백합죽, 장김치, 장떡
3. 대하잣즙무침, 도라지정과, 도미찜, 밀쌈, 석류탕
4. 떡수단, 두부전골, 병시, 양동구리, 죽순채
5. 강란, 녹두죽, 도라지대추나물, 떡찜, 석류탕
6. 규아상, 어선, 연근정과, 율란, 임자수탕
7. 대합찜, 무맑은국, 삼색전, 섭산삼, 조랭이떡국
8. 골동반, 떡찜, 무맑은국, 어채, 우메기

2012년 기출문제
1. 대합구이, 면신선로, 어채, 우메기, 편수
2. 게감정, 대하냉채, 매작과, 어만두, 월과채
3. 도라지정과, 두부전골, 떡갈비, 사슬적, 잣구리
4. 대추죽, 모약과, 소고기편채, 어만두, 장김치
5. 골동반, 게감정, 도라지정과, 석류탕, 월과채
6. 대하잣즙무침, 떡찜, 삼색밀쌈, 숙주채, 조랭이떡국
7. 두부선, 대추초, 밤초, 소갈비구이, 편수
8. 느타리버섯고추전, 겨자냉채, 도미찜, 대추죽, 아욱국

2013년 기출문제

1. 두부선, 석류탕, 어만두, 율란·조란, 장김치
2. 대합구이, 버섯죽, 월과채, 주악, 준치만두
3. 구절판, 사슬적, 석류탕, 잣구리
4. 궁중닭찜, 꽃게찜, 배합죽, 장김치
5. 떡갈비구이, 밀쌈, 삼계탕, 어만두
6. 규아상, 어선, 연근정과, 율란, 임자수탕
7. 가지선, 꽃게찜, 사슬적, 삼계탕, 우메기떡
8. 면신선로, 삼색밀쌈, 삼색전(표고, 호박, 생선), 원소병, 호박죽
9. 두부전골, 떡수단, 병시, 양동구리, 죽순채

2014년 기출문제

1. 대합찜, 삼색전(호박, 생선, 새우), 월과채, 조랭이떡국
2. 강란, 궁중닭찜, 느타리버섯산적, 어채, 조랭이떡국
3. 대추죽, 모약과, 소고기편채, 어만두, 양동구리
4. 대하잣즙무침, 도라지정과, 도미찜, 석류탕
5. 가지선, 강란, 도라지대추나물, 떡찜, 석류탕
6. 강란, 궁중닭찜, 보쌈김치, 석류탕, 어만두
7. 게감정, 대하잣즙무침, 찰수수부꾸미, 어만두, 월과채
8. 궁중닭찜, 보쌈김치, 생란, 석류탕, 어만두
9. 도라지정과, 두부전골, 떡갈비구이, 사슬적, 잣구리
10. 만두과, 사슬적, 용봉탕, 장김치, 전복죽
11. 골동반, 떡찜, 무맑은국, 어채, 우메기
12. 소갈비구이, 닭온반, 두부선, 율란, 편수

2015년 기출문제

1. 닭고기겨자채, 도미찜, 섭산삼, 영양밥, 임자수탕
2. 궁중닭찜, 대하잣즙무침, 삼색밀쌈, 숙주채, 조랭이떡국
3. 대합구이, 면신선로, 어채, 우메기, 편수
4. 골동반, 게감정, 도라지정과, 석류탕, 소고기편채
5. 규아상, 대하잣즙무침, 오이감정, 죽순채, 찰수수부꾸미
6. 가지선, 궁중닭찜, 느타리버섯산적, 석류탕, 찰수수부꾸미
7. 대합구이, 버섯죽, 월과채, 주악, 준치만두
8. 강란(생란, 생강란), 꽃게찜, 메밀만두, 삼계탕, 어채
9. 구절판, 보쌈김치, 사슬적, 석류탕, 잣구리
10. 닭온반, 두부전골, 떡수단, 양동구리, 죽순채

2016년 기출문제

1. 개성주악, 삼색석류탕, 숙주채, 연계초, 장김치
2. 모약과, 소고기편채, 양동구리, 어만두, 타락죽
3. 구절판, 규아상, 소고기편채, 율란, 임자수탕
4. 궁중닭찜, 사슬적, 석류탕, 우메기, 월과채
5. 닭겨자냉채, 도미면, 만두과, 밀쌈, 흑임자죽
6. 닭북어찜, 면신선로, 삼색전, 원소병, 호박죽
7. 갈비구이, 두부전골, 메밀전병, 우엉잡채, 편수
8. 가지선, 떡갈비구이, 밀쌈, 섭산삼, 어만두
9. 대합찜, 만두과, 삼색전, 조랭이떡국, 월과채

2017년 기출문제

1. 서여향병, 조랭이떡국, 사슬적, 삼색밀쌈, 닭북어찜
2. 애탕, 소갈비구이, 수삼말이, 장떡, 꽃게찜
3. 가지선, 대합찜, 장산적, 용봉탕, 우메기
4. 골동반, 모약과, 규아상, 궁중닭찜, 해삼전
5. 용봉탕, 어선, 율란, 소고기편채, 떡찜
6. 삼계탕, 구절판, 호박죽, 규아상, 수수부꾸미
7. 떡찜, 소고기편채, 어선, 용봉탕, 율란
8. 닭겨자냉채, 대합찜, 면신선로, 메밀전병, 타락죽
9. 대하잣즙무침, 도라지정과, 밀쌈, 석류탕, 승기약탕

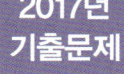

PART 01

조리기능장
이론편

1. 한국음식의 특징
2. 한국음식의 기본고명
3. 한국음식의 역사
4. 한국음식의 종류
5. 한국음식의 상차림
6. 한국음식의 식사예절

PART 01 조리기능장(한식) 이론편

🧑‍🍳 한국음식의 특징

우리나라는 삼면이 바다로 둘러싸여 있어 수산물이 풍부함은 물론 봄, 여름, 가을, 겨울로 사계절의 구분이 뚜렷하고 농업의 발달로 쌀과 잡곡의 생산이 다양하게 이루어져 이들을 이용한 조리법이 발달하였다. 이와 같이 우리나라 음식은 계절과 지역에 따른 특성을 잘 살렸으며 조화된 맛을 중히 여겼고, 식품 배합이 합리적으로 잘 이루어져 있음을 알 수 있다. 따라서 자연히 이러한 지역적 특성을 살린 음식들이 고루 잘 발달되었다.

지역적으로는 토질과 기후의 차이가 있어 각 지방마다 특산품이 다양하게 생산됨은 물론 육류와 채소류를 이용한 조리법도 발달되었고 장류, 김치류, 젓갈류 등의 발효식품의 개발과 기타 식품 저장 기술도 일찍부터 이루어져 왔다.

특히, 우리나라 음식은 정성과 노력이 많이 드는 음식이므로 음식을 만들 때 마음가짐과 바른 태도가 중요하며 영양적인 면과 맛, 색감, 온도, 그릇담기 등 음식과의 조화를 중시한다. 조리방법에 있어서는 잘게 썰거나 다지는 방법이 많이 쓰이며 조리법 또한 복잡한 편이여서 대부분 미리 썰어서 준비한 다음에 조리를 한다.

상차림은 3첩·5첩·7첩·9첩·12첩 반상차림이 있으며, 죽상, 면상, 교자상 등 구성과 상차림이 다양하고 형식이 까다로워서 그에 맞는 조리법이 중시되었다. 또한 한 상에 모든 음식을 차려내는 것이 특징이며 음식이 놓이는 위치가 정해져 있고 먹는 예절을 중요시한다.

1) 주식과 부식이 명확하게 구분되어 있다.

주식으로는 쌀(밥)을 위주로 하고 보리, 조, 콩, 수수 등의 잡곡을 섞거나 쌀만으로 지은 밥을 중심으로 하며, 부식으로는 국, 구이, 나물, 전, 찜, 조림 등 비교적 영양적으로도 합리적이고, 맛을 조화롭게 배합한 반찬을 활용한 다양한 조리법으로 여러 음식의 상차림을 한다.

2) 곡물 음식이 다양하다.

농경문화의 발달로 쌀, 보리, 밀, 조, 수수 등의 곡물을 다양하게 활용한 밥, 죽, 국수, 떡, 한과 등 다양한 곡물 음식이 발달하였다.

3) 음식의 종류와 조리법이 다양하다.

음식의 종류로는 밥, 죽, 국수, 국, 찌개, 구이, 볶음, 나물, 전, 찜, 조림 등이 있고, 조리법으로는 생것, 끓이기, 굽기, 데치기, 찌기, 조리기 등 다양한 방법이 있다.

4) 장류와 발효식품이 발달하였다.

간장, 된장, 고추장 등 장류와 김치, 젓갈, 식초 등의 발효식품이 많다.

5) 다양한 향신료를 많이 사용하여 음식의 고유한 맛을 낸다.

파, 마늘, 생강, 간장, 된장, 고추장, 설탕, 고춧가루, 참기름, 식초, 깨소금, 소금, 후춧가루 등 다양한 양념으로 음식 조리 시 고유의 음식 맛을 낸다.

6) 고명을 활용하여 아름다움을 추구한다.

지단, 초대, 잣, 버섯, 은행 등 고명을 활용하여 음식을 아름답게 장식한다.

7) 지역에 따른 향토음식이 발달하였다.

지역적으로 기후 및 식재료의 차이와 생활방식의 차이로 그 지역의 특성을 살린 향토음식이 발달하였다.

한국음식의 기본고명

고명은 음식을 아름답게 꾸며 음식이 돋보이게 하고 식욕을 돋구어 음식의 품위를 높여주기 위해 음식 위에 뿌리거나 얹는 것으로 맛보다는 주로 색감을 더 중요하게 생각한다. 고명의 색은 자연색(흰색, 노란색, 빨간색, 검정색, 녹색)을 쓰는데, 자연식품이 지닌 색 그대로를 고명으로 사용하는 것이 좋다.

1) 알고명(달걀지단)

달걀을 황·백으로 나누어 거품이 나지 않을 정도로 저은 다음 소금으로 간하여 기름 두른 번철에서 기름을 두르고 얇게 지진다. 흰색과 노란색으로 채썬 지단은 나물이나 잡채에, 골패형($1 \times 4 cm^2$)으로 썬 것은 탕, 찜, 전골 등에 사용하고 마름모꼴로 썬 것은 탕, 만둣국 등에 쓰고 그 밖에 채썬 것은 국수장국 등에서 사용한다.

2) 고기고명

고기고명은 주로 다진 것, 채썬 것, 완자로 만들어서 사용한다.

① 다진 고명은 소고기의 살코기를 곱게 다져서 갖은 양념을 하여 고르게 섞어 번철이나 냄비에 넣고 볶은 것으로 국수장국 등의 고명으로 사용한다.
② 채썬 고명은 살코기를 가늘게 채썰어 양념하여 볶은 것으로 떡국 등의 고명으로 사용한다.
③ 완자로 만든 고명은 다진 파, 마늘, 소금, 참기름, 후춧가루, 깨소금 등으로 고르게 양념하여 은행 알 크기로 빚어서 위에 밀가루를 씌우고 달걀을 입힌 다음 번철에 기름을 두른 후 타지 않게 약한 불에서 지져낸 것이다. 주로 신선로, 탕, 전골, 찜류의 웃고명으로 사용한다.

3) 알쌈

① 달걀을 깨서 흰자와 노른자로 가르거나 합해서 소금으로 간을 하고, 고기는 곱게 다져서 갖은 양념(파, 마늘, 간장, 참기름, 깨소금, 소금, 녹말가루)을 하여 콩알 크기로 만들어서 번철에 몇 번 굴려서 익혀 놓는다.

② 풀어 놓은 달걀을 지름 5cm 크기로 번철에 올린 후 ①에서 만들어 놓은 콩알 크기의 소고기를 옆에 얹어서 빠르게 반을 접어 타지 않도록 지져낸다.

4) 버섯고명

표고버섯, 석이버섯, 목이버섯 등을 채썰거나 골패모양으로 썰어, 채썬 것은 나물류에 골패모양은 국, 전골, 신선로, 찜 등에 올려서 사용한다.

① 표고버섯

표고버섯은 모양이 좋은 중간 크기의 것으로 골라 물에 담가 불린 후 깨끗이 씻어서 버섯대를 떼어 낸 다음 음식에 따라 채썰거나 골패모양으로 썰어 탕, 신선로, 찜 등에 사용한다.

② 석이버섯

검은색의 고명으로 사용하며 뜨거운 물에 불려서 석이에 붙은 이끼를 깨끗이 씻고 배꼽도 떼어 낸다. 웃고명에 따라서 채썰거나 골패모양으로 썰어서 구절판, 각색편 등에 사용한다. 또한 용도에 따라서 곱게 다져 달걀흰자에 섞어 지단을 부쳐 신선로 고명으로 사용한다.

③ 목이버섯

깨끗이 씻어서 물에 불려 그대로 또는 채썰어 기름에 살짝 볶고 소금을 넣어 간을 하여 주로 갖은 잡채 등의 음식 위에 얹어 사용한다.

5) 미나리, 오이, 호박

푸른색 채소의 잎, 껍질은 채썰어 국수, 탕에 사용하고, 미나리는 줄기를 4cm 정도로 자르고 오이, 호박은 껍질부분만을 채썰어 소금에 절인 후 물기를 제거하여 참기름에 살짝 볶아 사용한다.

6) 초대

미나리나 실파의 줄기 부분을 가지런히 하여 가는 꼬지에 양쪽으로 끼어 밀가루와 달걀물을 입혀 팬에 기름을 두르고 지져낸 다음 용도에 따라 마름모나 골패형으로 썰어 신선로, 만둣국, 전골 등에 사용한다.

7) 은행

은행은 겉껍질을 벗기고 미지근한 소금물에 담근 후 팬에 기름을 두르고 지지는데 팬이 뜨거워졌을 때에 소금을 살짝 넣어 볶아 속껍질이 벗겨지면 마른 행주로 문질러 깨끗하게 하여 찜, 신선로 등의 고명으로 사용한다.

8) 호두

겉껍질은 깨고 속껍질이 붙은 호두를 뜨거운 물에 넣고 식초를 몇 방울 떨어뜨려 불린 후 껍질을 꼬치로 벗겨 찜이나 신선로 등의 고명으로 사용한다.

9) 잣

잣은 껍질과 고깔을 떼고 닦은 후 통잣은 화채, 식혜, 수정과 등에 띄워서 사용하며, 비늘잣은 2~3등분하여 어선, 어만두 등에 사용한다. 잣가루는 한지를 깐 도마 위에서 잘 드는 칼날로 다져서 곱게 보슬보슬하게 하여 구이 또는 초간장에 사용한다.

10) 실고추

건고추를 잘라 씨를 뺀 다음 젖은 행주로 깨끗이 닦아 돌돌 말아 가늘게 채썰어 달걀찜, 푸른색 나물, 김치 국물 등에 사용한다.

11) 고추(홍고추, 풋고추)

씨를 빼고 씻어서 물기를 닦은 후 채로 썰어 나물, 조림 등에 사용하거나 길쭉길쭉하게 썰어 깍두기 등에 고명으로 사용한다.

12) 대추

마른대추는 빠르게 씻어 씨를 발라 내어 채를 썰거나 잘게 가루를 내기도 하고 통째로 양옆에 잣을 꽂아서 떡이나 찜류의 고명으로 사용한다.

13) 밤

겉껍질과 속껍질을 모양내어 벗겨서 그대로 채썰기 또는 삶은 후 으깨서 사용한다.

14) 대파

대파는 연한 부분을 4cm 정도로 잘라 실처럼 가늘게 채썰고 찬물에 헹구어 물기를 제거 후 사용한다.

15) 참깨

참깨는 물에 불려 잘 씻은 후 물기를 제거하여 냄비에 볶아 그대로 사용하거나 가루로 만들어 나물, 볶음, 양념장 등에 사용한다.

한국음식의 역사

음식의 역사는 한 민족이 사는 나라의 기후와 풍토 및 민족의 역사와 관련되어 형성된다. 우리나라의 식생활도 시대의 흐름에 따라 정치·경제적인 변화와 외래식품의 전래 속에서 변화되어 왔다.

1) 선사시대와 고조선시대

신석기인들은 고기잡이와 사냥을 주로 하여 자연식품을 채취하였으며 농경의 발달로 벼를 비롯한 보리, 조, 기장, 콩, 수수, 팥 등이 재배되었고 조미료, 향신료 등이 사용되기 시작하였다.

2) 삼국시대

철기문화의 영향으로 농경기술이 발달되어 벼농사가 크게 보급되었으며 이로 인하여 식생활이 안정되었다. 또한 장기간 저장을 위한 김치, 장, 젓갈, 술 등의 발효·저장식품이 발달하게 되었다.

3) 통일신라시대

통일신라시대에는 주로 쌀밥이 주식화 되었으며 다채로운 식생활의 발달과 함께 차문화가 성행하였다.

4) 고려시대

불교의 국교화로 사찰음식과 차문화가 발달하였으며, 기름에 볶거나 지지는 조리법으로 약과, 유과 등이 만들어지고 떡 종류도 다양하게 발달하였다.

5) 조선 전기

조선 전기는 한식의 발달기라고 할 수 있으며, 국교를 유교로 삼으면서 차문화는 쇠퇴하고 상차림의 격식이 완성되었다.

6) 조선 후기

조선 후기는 한식의 완성기라고 할 수 있으며, 외국에서 고구마, 감자, 호박 등 채소가 전래되었으며 튀김, 볶음, 조림 등 다양한 조리법이 발달하게 되었다. 특히, 임진왜란 이후에는 고추의 전래로 오늘날과 같은 식문화가 형성됨은 물론 김장김치가 완성되었다.

7) 근대화 시대

19세기 말부터 서양화의 영향으로 한식과 양식이 혼합되어 식생활이 다양하게 변화하였다. 일본의 영향으로 서민의 식생활이 어려웠지만 우리만의 식생활을 찾으려 노력하였다.

8) 현대

1960년대에는 식량난 해결을 위하여 보리쌀을 이용한 보리혼식과 밀가루, 라면을 이용한 분식을 장려하였다. 1970년대에는 산업화에 따른 즉석식품이 발달하였으며, 1980년대에는 된장, 고추장, 김치 등이 식품공장에서 만들어 졌음은 물론 바쁜 현대인들의 편리성을 고려한 가공식품, 인스턴트식품이 발달하게 되었다. 특히, 1988년 서울올림픽 이후에 외식산업이 급격하게 발달하게 되었으며, 퓨전, 웰빙의 흐름 속에서 많은 이들이 건강식품, 무공해식품, 자연식품을 선호하고 있다. 2010년에는 한국음식의 세계화를 위한 정부와 전문가들의 노력으로 한국음식에 대한 사람들의 관심이 집중되고 있다.

한국음식의 종류

1) 주식류

① 밥

밥은 멥쌀로 지은 쌀밥(흰밥)을 주로 먹는다. 그 외 찹쌀을 넣은 찰밥, 보리쌀을 넣은 보리밥 등과 콩, 팥, 은행, 조, 수수, 녹두, 밤, 대추, 잣, 인삼, 나물류 등을 섞어 잡곡밥, 영양밥, 비빔밥, 김밥 등을 만들기도 한다. 쌀은 가능하면 바로 도정을 하여 세척 후 1.2배의 물로 밥을 짓는다. 밥이 완성되면 중량이 2.2~2.4배로 증가한다. 특히, 하루에 필요한 열량의 65%를 섭취하는 우리나라 사람들에게 밥은 중요한 열량원이다.

② 죽, 미음, 응이

죽은 쌀 외에도 여러 가지 곡물에 밥을 짓는 것보다 훨씬 많은 양인 곡물의 5~10배의 물을 부어 오랫동안 가열하여 완전히 호화되고 부드럽게 된 상태로 완성한 것이다. 유아, 노인, 환자들의 음식으로 많이 쓰이며 재료에 따라 흰죽, 두태죽, 장국죽, 어패류죽, 비단죽 등 그 종류가 매우 많다.

③ 국수

국수는 일반적으로 메밀로 만든 면을 의미하며, 밀가루로 만든 면은 난면이라고 한다. 국수면의 종류로는 밀가루 또는 메밀가루를 물 반죽하여 뽑아낸 압착면과 반죽을 얇게 밀어서 칼로 썬 절단면, 그리고 반죽을 양손으로 잡아당기는 것을 반복하여 가늘게 뽑은 타면 등이 있다. 이렇게 뽑은 국수는 국수장국(온면), 칼국수, 냉면, 비빔국수 등으로 이용한다.

④ 만두

만두피는 밀가루를 물에 반죽한 후 얇게 밀어 그 속에 돼지고기, 부추, 김치 등을 잘게 다져 양념한 소를 채워서 넣고 다양한 모양으로 빚어서 여러 종류의 만두를 만든다. 계절에 따라서 봄에는 준치만두, 여름에는 편수, 규아상, 어만두, 겨울에는 산채만두, 동아만두 등을 먹는다. 또한 정초에는 흰떡국, 조랭이떡국, 생떡국 등을 즐겨 먹었다.

2) 부식류

(1) 국, 찌개, 전골

① 국

밥과 함께 내는 국물요리로서 여러 가지 수조육류, 어패류, 채소류 등으로 끓인 국물요리이다. 국의 종류를 크게 구분하면 양지머리, 사태 등을 볶아서 간장물에 삶아낸 맑은장국, 쌀뜨물에 채소나 산채 등을 넣고 된장으로 간을 맞춘 토장국(된장국), 소의 뼈와 내장을 재료로 삶아 우려낸 곰국, 끓여서 식힌 물에 맑은 청장으로 간을 맞춘 후 끓이지 않고 차게 해서 먹는 냉국(찬국) 등으로 나눌 수 있다.
우리나라에서의 국은 밥상을 차릴 때 기본적이며 필수 음식이다.

② 찌개(조치)

국보다 국물을 적게 한 음식으로 국에 비해 간이 짜며 맛이 진하고 건더기가 넉넉한 편이다. 찌개의 종류로는 고추장찌개, 된장찌개, 맑은찌개 등이 있다.

③ 전골

국에 비해서는 국물의 양이 적은 편이며 반상이나 주안상에 곁상으로 따라 나가는 중요한 음식이다. 즉석에서 가열하여 익힐 수 있게 하며 95℃ 이상으로 높은 온도에서 제맛을 낸다. 전골의 종류에는 신선로, 소고기전골, 낙지전골, 생굴전골, 두부전골 등이 있다.

(2) 찜, 선

① 찜

우리나라만의 독특한 조리법으로 재료를 크게 썰어 용기 내에 고기와 술, 초, 장 등 조미료를 알맞게 넣고 뚜껑을 덮은 후 약한 불에서 익히거나 증기로 익혀 재료의 맛이 충분히 우러나도록 만든 음식이다. 육류찜, 어패류찜, 채소찜으로 나눌 수 있다.

② 선

찜과 비슷한 방법으로 만든 음식으로 선이 있는데 선은 채소에 칼집을 넣어 데치거나 소금물에 절여서 고명을 채운 후에 찌는 것을 말한다. 초간장, 겨자장을 곁들여 먹는다. 종류로는 오이선, 호박선, 어선, 두부선, 화계선 등이 있다.

(3) 구이, 적

구이는 인류가 불을 사용하게 된 후 가장 먼저 사용한 조리법으로 꼬치, 석쇠, 철판 등을 이용하여 굽는다. 직접 불에 닿게 굽는 직접구이와 간접구이가 있는데 육류를 이용한 너비아니, 제육구이, 염통구이, 갈비구이 등이 있고 어패류를 이용한 조기구이, 삼치구이, 대합구이 등이 있다. 또한 채소를 이용한 조리법으로는 더덕구이, 송이구이 등이 있다.

(4) 전(전유어), 지짐

전은 육류, 어패류, 채소류 등을 다지거나 얇게 저며서 소금, 후추로 간을 하고 밀가루 달걀을 무쳐 양면을 기름에 지진 것을 말한다. 육류전으로는 완자전, 양동구리, 두골전 등이 있고 채소류전으로는 표고전, 고추전, 호박전, 양파전, 연근전 등 다양하며 어패류전은 동태전, 굴전, 홍합전, 새우전 등이 있고 그 외 재료를 혼합한 빈대떡, 파전 등이 있다.

(5) 조림, 조리개, 초

조림은 조리개라고도 하며 육류, 어패류, 채소류 등을 간장이나 고추장에 조려서 만드는 조리법으로 반찬에 적합한 음식이다. 일반적으로 흰살생선을 조림할 때는 간장을 사용하며, 붉은살 생선이나 비린내가 나는 생선들은 고추장, 고춧가루를 많이 사용하는 편이다. 조림과 비슷한 조리법으로 초(炒)가 있는데 조림보다 약간 간을 싱겁게 하여 나중에 녹말을 풀어 넣어 윤기 있게 국물 없이 조리는 것을 말한다.

(6) 회, 숙회

회는 육류, 어패류, 채소류 등을 날로 또는 살짝 데쳐서 와사비 간장, 초고추장, 초간장, 소금, 기름 등에 찍어 먹는 음식인데 일반적으로 살짝 데쳐서 먹는 것은 숙회라고 한다. 숙회의 종류는 오징어회, 문어회, 미나리강회, 두릅회 등이 있다.

(7) 생채와 숙채

생채는 계절별로 나오는 무, 배추, 가지, 파, 도라지, 더덕, 오이, 늙은 오이, 갓, 상추, 미나리 등의 싱싱한 채소류를 익히지 않고 초장이나, 초고추장, 겨자 등으로 새콤달콤하게 무쳐 곧바로 먹는 음식이다.
숙채는 나물을 살짝 데치거나 기름에 볶아 익혀서 갖은 양념에 무쳐 먹는 것을 말한다.

(8) 편육, 족편

편육(片肉)은 고기를 푹 삶아 내어 물기를 빼고 얇게 저민 것으로 소고기는 양지머리, 머리살, 사태살 등을, 돼지고기는 삼겹살, 목살, 머리살 등을 주로 이용한다.
족편은 소의 족·가죽·꼬리 등을 삶아 잘게 썰어 물을 붓고 고아서 소금간을 하고 고명을 뿌려 묵처럼 굳힌 음식을 양념간장에 찍어 먹는다. 또한 간장으로 간을 하여 국물이 거무스레 해지는 것을 장족편이라 한다.

(9) 포, 튀각, 부각, 자반

포는 고기와 생선을 말려 육포와 어포를 만들고 튀각은 다시마, 미역을 기름에 튀겨 만든다. 부각은 김, 채소의 잎, 열매 등에 되직하게 쑨 찹쌀풀에 간을 하고 발라 햇볕에 말린 후 기름에 튀겨서 만들고, 자반은 물고기를 소금에 절이거나 해산물 또는 채소를 간장에 조리거나 무친 것으로 주로 반찬으로 이용된다.

⑩ 김치, 장아찌, 젓갈

김치는 배추, 무 등을 소금에 절여 고추, 파, 마늘, 생강 등을 젓갈과 함께 넣어 버무려 익힌 한국음식의 대표적인 발효식품이다. 장아찌는 무, 오이, 도라지, 더덕, 고사리 등의 채소를 된장이나 막장, 고추장, 간장 속에 넣어 삭혀 만들고 각종 육류, 어류도 살짝 익혀 된장, 막장 속에 넣어 만든다. 젓갈은 어패류의 염장식품으로 숙성 중 자체 효소에 의한 소화작용과 약간의 발효작용에 의해서 만들어지며 밑반찬 또는 김치를 담을 때에도 이용된다.

3) 후식류

(1) 떡

한국의 전통 곡물요리의 하나인 떡류를 크게 네가지로 나눌 수 있는데, 먼저 시루에 찌는 떡은 백설기, 두텁떡, 송편, 팥시루떡 등이 있고, 찐 다음에 안반이나 절구에 치는 떡으로는 가래떡, 인절미, 절편, 대추단자, 쑥(구리)단자 등이 있다. 다음으로 빚어 찌는 떡으로는 찹쌀경단, 각색경단, 오매기떡, 수수경단, 두텁단자 등이 있고, 마지막으로 찹쌀가루를 익반죽하여 모양을 만들어 번철에 지진 떡은 화전, 주악 등이 있다.

(2) 한과

한과류는 재료나 만드는 법에서 유과, 유밀과, 다식, 정과, 엿강정, 과편, 당속, 숙실과 등으로 크게 구분된다. 약과, 매작과는 유밀과이며 생란, 율란, 조란, 밤초, 대추초 등은 숙실과에 속한다.

(3) 음청류

기호성 음료의 총칭으로 재료나 만드는 법에 따라 차, 탕, 화채, 식혜, 수정과 등으로 크게 구분된다.

한국음식의 상차림

한국음식의 상차림은 네모지거나 둥근상을 사용하여 음식을 한상에 차려내는 데 특징이 있으며, 차려지는 상차림은 주식에 따라서 밥과 반찬을 주로 한 반상을 비롯하여 죽상, 면상, 다과상 등으로 나눌 수 있고, 목적에 따라 주안상, 교자상, 돌상, 큰상, 폐백상, 제상 등으로 나눌 수 있다.

1) 반상차림

어린 사람에게는 밥상, 어른에게는 진지상, 임금에게는 수라상이라 불렀으며 3첩, 5첩, 7첩, 9첩, 12첩이 있는데 서민들은 3첩과 5첩을, 반가에서는 7첩과 9첩의 상차림을 하였고, 12첩은 임금님만 드실 수 있는 수라상 차림이다. 첩의 수는 밥, 국, 김치, 조치, 종지(간장, 고추장, 초고추장 등)를 제외하고 접시에 담는 반찬의 수를 말한다. 예를 들면 5첩 반상은 밥1, 국1, 김치2, 장류2, 찌개(조치)1을 기본음식으로 하고 나물(생채 또는 숙채)1, 구이1, 조림1, 전1, 마른반찬(장과 또는 젓갈)1을 5첩으로 한다.

2) 죽상차림

부담 없이 먹는 가벼운 음식으로 동치미, 나박김치, 젓국으로 간을 한 맑은 조치, 마른찬(북어보푸라기, 육포, 어포) 등을 함께 낸다.

3) 면상(장국상)차림

밥을 대신하여 국수를 주식으로 하여 차리는 상을 면상이라 하며 주로 점심에 많이 이용된다. 주식으로는 온면, 냉면, 떡국, 만둣국 등이 이용되며 부식으로는 배추김치, 나박김치, 생채, 찜, 겨자채, 잡채, 편육, 전 등이 사용된다.

4) 다과상차림

간편하게 차, 음청류를 마시기 위한 상차림으로 차, 화채, 식혜, 수정과 등과 곁들여 먹을 수 있는 한과, 유과, 유밀과, 다식 등이 있다.

5) 주안상차림

주류(술)를 대접하기 위해서 차리는 상으로 약주와 함께 육포, 어포, 전, 회, 어란 등의 마른안주와 전이나 편육, 찜, 신선로, 전골 찌개 같은 얼큰한 안주 한두 가지, 그리고 생채류와 김치, 과일 등이 오르며 떡과 한과류가 오르기도 한다.

6) 교자상차림

경사가 있는 명절, 잔치에 많은 사람이 함께 모여 식사를 할 경우 차리는 상이다. 대개 고급 재료를 이용하여 많은 종류의 음식을 만들어 대접하는데 교자상의 식단은 면(온면, 냉면), 탕(계탕, 어알탕, 잡탕), 찜(영계찜, 육찜, 우설찜), 전유어, 편육, 적, 회, 잡채, 신선로 등 다양하다.

7) 돌상차림

돌상은 태어나서 처음 맞이하는 생일상으로 수명장수(壽命長壽)와 다재다복(多才多福) 등의 의미를 담아 돌상을 차려준다. 돌상에는 흰밥, 미역국, 푸른나물, 백설기, 오색송편, 인절미, 붉은팥 차수수경단, 생과일, 쌀, 삶은 국수, 대추, 타래실, 돈 등을 놓는데 남자아이에게는 붓, 먹, 벼루, 책(천자문), 칼과 활, 화살 등을 놓고, 여자아이에게는 실, 바늘, 가위, 자 등을 놓아 돌잡이를 하게 하여 아이의 밝은 미래를 기원하기도 하였다.

8) 큰상(혼례, 회갑, 회혼례)차림

큰상은 혼례(결혼식), 회갑(만 61세), 회혼례(결혼한지 60주년)를 경축하는 상차림으로 떡, 숙실과, 생실과, 견과, 유밀과 등을 높이 괴어서 상의 앞쪽과 색을 맞추어 차리고 주식은 면류로 한다.

9) 폐백상차림

혼례를 치른 후 시부모님과 시댁 어른들에게 첫 인사를 드리는 예의를 폐백이라 하는데 각 지방이나 가정에 따라서 풍습이 다르며 대개 서울은 육포나 산적·대추·청주를, 지방에서는 폐백닭·대추·청주를 가지고 간다.

10) 제상차림

제사에 올리는 음식에서 주의할 점은 고춧가루, 마늘을 사용하지 않으며 비늘이 없는 생선, 껍질에 털이 있는 과실은 올리지 않는다는 것이다. 또한 상차림에는 홍동백서(붉은 과일이 동쪽, 흰색 과일이 서쪽), 어동육서(생선이 동쪽, 육류가 서쪽), 좌포우혜(포가 왼쪽, 식혜가 오른쪽), 조율시이(왼쪽부터 대추, 밤, 감, 배 순서)의 제상 원칙을 지키고 있다.

한국음식의 식사예절

1) 한국전통음식의 식사예절

① 식사할 때에는 어른이 먼저 수저를 든 다음에 들도록 한다.
② 숟가락과 젓가락을 한손에 들지 않는다.
③ 숟가락이나 젓가락을 그릇에 걸치거나 얹어 놓지 않는다.
④ 밥그릇, 국그릇, 죽그릇 등을 손으로 들고 먹지 않는다.
⑤ 국, 탕, 찌개는 숟가락으로 먹고 찬 종류는 젓가락으로 먹는다.
⑥ 음식을 먹을 때 수저가 그릇에 부딪혀서 소리가 나지 않도록 주의를 한다.
⑦ 수저 또는 젓가락으로 반찬이나 밥을 뒤적거리지 않도록 한다.
⑧ 김치 또는 반찬의 양념을 털어 내거나 먹지 않는 것을 골라내는 것은 좋지 않다.
⑨ 먹는 도중에 수저에 음식이 많이 묻지 않도록 하며 깨끗하게 먹는다.
⑩ 함께 먹는 음식은 각자 앞 접시에 덜어서 먹는다.
⑪ 곁들여 먹는 양념간장, 초장이나 초고추장도 접시에 덜어서 찍어 먹는 것이 좋다.
⑫ 음식을 먹는 도중에 뼈나 생선 가시 등을 상 위나 바닥에 그대로 버려서 상(식탁)을 더럽히지 않도록 한다.
⑬ 식사 중에 예상치 않게 기침이나 재채기가 나오면 옆으로 하고 손이나 손수건으로 가려서 다른 사람에게 실례가 되지 않도록 주의한다.
⑭ 물을 마실 때에도 흘리지 않도록 주의하도록 한다.

⑮ 어른과 함께 식사를 할 때는 어른이 수저를 내려 놓은 다음에 내려 놓도록 한다.
⑯ 가능하면 식사 시간을 다른 사람들과 보조를 맞추면서 먹도록 한다.
⑰ 음식을 다 먹은 후에는 수저를 처음 위치에 가지런히 놓는다.
⑱ 이쑤시개(요지)를 사용할 때에는 한 손으로 가리고 사용하고, 사용 후에는 남에게 보이지 않게 잘 처리한다.
⑲ 식사 중에 사용한 냅킨은 일어나기 전에 접어서 상 위에 가지런히 놓고 일어난다.

2) 외국인에게 한국음식을 대접할 때의 예절

외국인에게 있어 흥미롭게 상차림을 하는 것이 중요하며 우리의 전통 방법대로 음식을 상 위에 차리고 수저를 놓는 방법으로 대접을 하면 된다. 하지만 좌식보다는 입식(테이블)이 외국인에게는 더 편리할 수 있다.

특히, 식탁은 물론 식탁보, 식탁깔개, 수저받침, 수저, 포크, 나이프, 냅킨, 물컵, 술잔, 식탁에서의 서빙 가위나 식탁을 닦는 행주 등에 있어서도 위생적으로 처리하는 것이 매우 중요하다.

PART 02

Korean Food

02

조리기능장
실기편(한식조리 112종류)

01 갈치조림

추천시간 **25분**

재료 및 분량

갈치 1마리, 무 100g, 홍고추 1개, 풋고추 1개

양념장 : 간장 2큰술, 고춧가루 1큰술, 설탕 1/2큰술, 다진파·다진마늘·다진생강·깨소금 약간

만드는법

1. 갈치는 지느러미와 내장을 제거하고 깨끗이 씻어 7cm 길이로 토막을 낸다.
2. 무는 3×4×1cm 크기로 썬다.
3. 홍고추, 풋고추는 어슷썰고 양념장을 만든다.
4. 냄비에 무를 깔고 그 위에 갈치를 얹어 양념장을 고루 끼얹고 물 1컵을 부어서 끓이다가 어느 정도 끓으면 불을 낮추고 국물을 갈치에 끼얹어 가며 간이 고루 베도록 조린다.
5. 무가 익으면 고추를 얹어 잠시 끓인 뒤 불을 끄고 그릇에 담아낸다.

조리 Point
- 국물을 끼얹어가며 익혀야 갈치 속까지 양념이 베어서 맛이 좋다.
- 갈치 손질을 잘하고 무를 반듯하게 잘라 냄비에 타거나 붙지 않도록 조린다.

02 게감정

추천시간 **25분**

재료 및 분량

꽃게 1마리, 소고기(우둔살) 60g, 두부 20g, 숙주 20g, 무 30g, 달걀 1개, 쪽파 2뿌리, 고추장 1큰술, 된장 1작은술, 밀가루 15g, 식용유 5g, 다진마늘 1작은술

게 육수 : 소고기(사태 또는 양지머리) 30g, 파 1/3대, 마늘 1개, 생강 1/2개, 물 4컵
소양념 : 소금 1/2작은술, 생강즙 1/2작은술, 다진파 · 다진마늘 · 참기름 · 깨소금 · 후춧가루 약간

만드는 법

1. 소고기(우둔살)는 다지고 두부는 으깬 후 물기를 꼭 짜고, 숙주는 데쳐서 송송 썰어 물기를 제거한다.
2. 무는 사방 3cm 크기로, 쪽파는 3cm 크기로 썬다. 게는 솔로 깨끗이 씻어 잔발과 집게발 윗부분은 잘라버린다.
3. 등딱지를 떼어내 속에 있는 모래주머니는 제거하고 속살은 긁어모은다. 배쪽에 있는 스펀지 같은 내장은 제거한다.
4. 물기를 잘 닦고 도마 위에 놓아 게다리를 잡고 밀대로 힘껏 밀면 살이 빠져나온다. 이것과 ❸의 딱지 속살을 함께 다진다.
5. 소고기, 파, 마늘, 생강을 넣고 육수를 끓여 체에 걸러 준비한다.
6. ❺에 고추장, 된장, 다진마늘을 넣고 끓이다가 게다리와 게살을 발라낸 자투리와 무를 함께 넣어 맛을 우려낸다.
7. 게살, 소고기, 두부, 숙주를 섞어 소양념을 하여 버무려 소를 만든다.
8. 게 등딱지는 안쪽에 물기를 닦은 후 식용유를 살짝 바르고 밀가루를 뿌려 양념한 소를 채워 넣고 밀가루와 달걀노른자를 씌워 팬에서 지진다.
9. ❻에 지져낸 게를 넣고 잠깐 더 끓이다가 쪽파를 넣어 끓여 담아낸다.

조리 Point

- 감정은 고추장을 넣어 만든 찌개를 말한다.
- 그릇에 담아낼 때 게살 자투리는 건져내고 담는다.

03 계강과

추천시간 30분

재료 및 분량

찹쌀가루 2/3컵, 메밀가루 1/2컵, 잣 80g, 계핏가루 1/2작은술, 설탕 2큰술, 생강 2개, 소금 1/2작은술, 꿀 3큰술, 참기름 1작은술

만드는 법

1. 생강은 껍질을 벗겨 곱게 다진다.
2. 찹쌀가루와 메밀가루는 섞어서 체에 내린다.
3. ❷에 설탕, 계핏가루, 다진생강을 넣고 끓는 소금물 1~2큰술을 넣어 송편 반죽 정도로 익반죽한다.
4. ❸의 반죽을 두께 1cm 정도로 길게 밀어 사방 4cm 크기의 삼각형으로 자른다.
5. 옆면을 눌러 세모 모서리에 뿔이 난 생강 모양으로 빚는다.
6. 열이 오른 찜통에 젖은 면포를 깔고 15분 정도 찐다.
7. 잣가루는 고깔을 떼어 종이 위에 놓고 종이로 덮은 후 밀대로 밀어서 다시 칼날로 보슬보슬하게 다진다.
8. ❻이 다 익으면 꺼내어 팬에 참기름을 두르고 앞, 뒤로 지져낸다.
9. 지져낸 계강과에 꿀을 바르고 잣가루를 묻힌다.

조리 Point

- 계강과는 계피와 생강을 넣어 만든 과자라고 하여 붙여진 이름이다.
- 계강과의 크기와 모양을 일정하게 만든다.

04 골동반

추천시간 **45분**

재료 및 분량

불린 쌀 1컵, 소고기·고사리·도라지·애호박·동태살·콩나물 50g, 불린 표고버섯·다시마 1장, 달걀 1개, 밀가루·식용유 2큰술, 소금 1작은술, 참기름 1큰술, 흰후춧가루 1/2작은술

도라지·고사리 양념 : 국간장 1큰술, 다진파·다진마늘·참기름·깨소금 약간
소고기·표고버섯 양념 : 간장·설탕·다진파·다진마늘·참기름·깨소금·후춧가루 약간
콩나물 양념 : 소금·다진파·다진마늘·참기름·깨소금 약간
약고추장 : 고추장 2큰술, 물 2큰술, 설탕 2큰술, 다진소고기

만드는 법

① 불린 쌀을 씻어서 고슬고슬하게 밥을 짓는다.
② 콩나물 머리꼬리를 떼고 냄비에 물, 소금을 넣은 후 뚜껑을 덮고 삶아 찬물에 헹군 후 양념한다.
③ 소고기 반은 채를 썰어 양념을 한 다음 볶고 반은 다져서 약고추장을 만든다.
④ 애호박과 도라지는 5×0.2×0.2cm 크기로 채썰어 소금에 절인 다음 양념하여 팬에 참기름을 넣고 볶는다.
⑤ 표고버섯은 채를 썰어 양념하여 볶고 고사리는 5cm 크기로 잘라서 양념하여 물을 1큰술 넣고 볶는다. 황·백지단은 5×0.2×0.2cm 크기로 채를 썰고 다시마는 기름에 튀겨 부순다.
⑥ 동태살은 얇게 포를 떠서 소금, 흰후춧가루로 밑간을 한 다음 밀가루를 묻힌 후 달걀물을 씌워 전을 부쳐서 5×1cm 크기로 썬다.
⑦ 밥은 참기름과 소금을 넣고 비빈 후 고명으로 얹을 재료를 조금씩만 남기고 모두 넣어 비빈다.
⑧ ⑦의 밥을 그릇에 담고 남겨놓은 재료들을 색색이 돌려 담아 얹은 후 약고추장에 다시마를 얹어서 낸다.

조리 Point

"골동반"이란 이미 지어 놓은 밥에 여러 가지 찬을 섞어서 한데 비빈 것을 의미하므로 반드시 밥에 양념을 하고 준비한 일부 재료들을 넣어서 비빈 다음 웃기로 남은 재료들을 색스럽게 위에 조금씩 얹어서 내도록 한다.

05 과편

추천시간 30분

재료 및 분량

딸기 200g, 포도 200g, 오렌지 200g, 설탕 1컵 반, 녹두녹말가루 1컵 반, 소금 1작은술

딸기과편 : 딸기즙 2컵, 설탕 1/2컵, 녹두녹말가루 1/2컵, 소금 1/3작은술
포도과편 : 포도즙 2컵, 설탕 1/2컵, 녹두녹말가루 1/2컵, 소금 1/3작은술
오렌지과편 : 오렌지즙 2컵, 설탕 1/2컵, 녹두녹말가루 1/2컵, 소금 1/3작은술

만드는 법

① 포도는 알알이 떼어 깨끗이 씻어 건진 후 3컵의 물을 넣고 끓여서 포도즙 2컵을 만든다(오렌지와 딸기도 같은 방법으로 과즙을 만든다).
② ①의 식힌 과즙 1컵은 녹두녹말가루 1/2컵을 풀어 고운 체에 받쳐 놓는다.
③ ①의 나머지 과즙 1컵은 설탕 1/2컵, 소금 1/3작은술을 넣고 끓인다.
④ ③의 과즙에 ②의 녹두녹말가루를 푼 물을 조금씩 부어 저어가며 끓인다.
⑤ 나무 주걱으로 계속 저어가며 젤리 같이 되었으면 약불로 줄여 끈기 있고 윤기가 나도록 뜸을 들인다.
⑥ 과즙이 투명해지고 윤기와 끈기가 생기면 쟁반에 부어 두께 0.7cm 정도로 펴서 상온에서 식힌다.
⑦ ⑥이 어느 정도 굳으면 4×2×0.7cm 크기로 잘라 접시에 담아낸다.

조리 Point

녹말물은 과즙이 끓을 때 넣어야 색이 선명하며, 탁하지 않고 투명하다.

06 구절판

추천시간 **40분**

재료 및 분량

소고기 50g, 숙주 60g, 석이버섯 10g, 당근 1/4개, 불린 표고버섯 2장, 오이 1/2개, 달걀 1개, 식용유 1큰술

밀전병 : 밀가루 5큰술, 물 5큰술, 소금 1/2작은술
소고기·표고버섯 양념 : 간장 1작은술, 설탕 1/2작은술, 다진파·다진마늘·참기름·깨소금·후춧가루 약간
겨자장 : 숙성된 겨자 1큰술, 식초 3큰술, 설탕 1큰술, 소금 1/3작은술, 간장 1/5작은술

만드는 법

1. 밀가루에 소금물을 넣어 멍울이 없도록 저어준 뒤 체에 내린다.
2. 숙주는 머리, 꼬리를 떼어 데쳐낸 후 소금과 참기름으로 양념한다.
3. 겨자는 뜨거운 물(동량)로 개어 숙성시킨 후 겨자장을 만든다.
4. 오이, 당근은 5cm 길이로 돌려깎기한 후 0.2×0.2cm로 채썰어 소금물에 절이고 참기름을 넣고 볶는다.
5. 소고기와 불린 표고버섯은 채를 썰어 양념한 후 볶는다.
6. 석이버섯은 채를 썬 후 소금과 참기름을 넣고 볶는다.
7. 달걀은 황·백지단을 부쳐 5×0.2×0.2cm로 채썬다.
8. 밀전병 반죽을 1큰술 떠놓아 지름이 6cm 정도로 얇고 둥글게 부친다.
9. 접시 중앙에 밀전병을 놓고 준비한 재료를 색을 맞추어 돌려 담는다.

조리 Point

- 모든 재료의 채는 고르고 얇게 썰고 센불에서 재빨리 볶아서 식혀야 색깔이 선명해진다.
- 당근과 오이는 소금물에 절여서 살짝 볶아야 숨이 죽어 동그랗게 돌려 담을 수 있다.

07 규아상

추천시간 **35분**

재료 및 분량
소고기(우둔살) 50g, 오이 1/2개, 불린 표고버섯 2장, 잣 1큰술, 밀가루 60g, 소금·참기름·식용유 약간

소고기·표고버섯 양념 : 간장 1큰술, 설탕 1/2큰술, 다진 파·다진마늘·참기름·깨소금·후춧가루 약간
초간장 : 간장 1큰술, 식초 1/2큰술, 설탕 1/2큰술

만드는 법
1. 밀가루는 체에 쳐서 소금물로 반죽한 후 젖은 면포로 덮어 30분 정도 두었다가 0.1cm 얇게 밀어 지름 8cm 길이의 만두피를 요구사항에 맞게 만든다.
2. 오이는 5cm 길이로 썰고 돌려깎은 뒤 5×0.1×0.1cm 크기로 채를 썰어 소금물에 절였다가 물기를 꼭 짠 다음 참기름을 넣고 재빨리 볶아 펼쳐서 식힌다.
3. 소고기는 다지고 불린 표고버섯은 가늘게 채를 썰어 각각 양념한 후에 팬에서 볶아 식힌다.
4. 오이, 소고기, 표고버섯을 섞어 소를 만든다.
5. 만두피에 소와 잣을 하나씩 넣고 반으로 접어 양손 엄지 및 검지 손가락을 마주 보게 만두피를 눌러 해삼모양으로 주름을 잡아가며 빚는다.
6. 김이 오른 찜통에 젖은 면포를 깔고 만두를 넣어 10분간 찐다.
7. 완성접시에 규아상 6개를 담고 초간장을 곁들여 낸다.

조리 Point
- 쪄낸 만두끼리 서로 달라붙지 않게 손에 찬물을 묻혀가며 만두를 꺼내 조심스럽게 접시에 놓는다.
- 만두피를 지름 8cm 정도로 밀어서 소를 넣어야 터지지 않고 주름모양이 확실하게 잡힌다.

08 깨즙채

추천시간 25분

재료 및 분량

양상추 1/2포기, 셀러리 40g, 닭고기 100g, 오이 40g, 밤 2개, 배 40g, 달걀 1개

향미채소 : 대파 1/2대, 마늘 2개, 생강 1/2개
깨즙소스 : (볶은 깨 1/2컵, 닭 육수 1/2컵) + 식초 2큰술, 설탕 1큰술, 소금 1작은술

만드는 법

1. 닭은 향미채소를 넣고 삶은 후 국물은 면포에 걸러 두고 살은 굵직하게 찢어 놓는다.
2. 양상추는 씻어 손으로 뜯어 찬물에 담가 놓는다.
3. 오이는 길이로 반을 갈라 4cm 크기로 어슷하게 썬다.
4. 셀러리는 껍질을 벗겨서 4×1×0.3cm 크기로 썬다.
5. 밤은 껍질을 벗겨 편썰고, 배는 셀러리와 같은 크기로 썰어서 설탕물에 담가 둔다.
6. 달걀은 황·백지단으로 나누어 도톰하게 지단을 부쳐 4×1cm 크기로 썬다.
7. 믹서에 볶은 깨를 넣고 닭육수와 함께 곱게 갈아 체에 거른 후 식초, 설탕을 넣고 소금으로 간을 맞춰 깨즙소스를 만든다.
8. 찢어 놓은 닭고기는 깨즙소스를 넣어 먼저 버무려 둔다.
9. 그릇에 양상추를 담고 준비한 재료에 깨즙소스를 버무려 담아낸다.

조리 Point

양상추는 칼로 자르면 갈변되어 누렇게 되므로 손으로 찢어야 갈변현상을 막을 수 있다.

09 너비아니구이

추천시간 25분

재료 및 분량
소고기 100g, 배 1/8개, 잣 5개

소고기 간장 양념장: 간장 2큰술, 설탕 1큰술, 다진파·다진마늘·참기름·깨소금·후춧가루 약간 + 배즙 1큰술

만드는 법
1. 소고기는 찬물에 담가 핏물을 뺀다.
2. 결 반대로 포뜬 후 칼등으로 두들겨 4.5×5.5×0.3cm 크기로 정리한다.
3. ②의 고기에 칼끝을 세워 힘줄을 끊어 주고, 배는 강판에 간다.
4. 소고기 간장 양념장을 만들어 고기를 재워 둔다.
5. 석쇠를 달군 후 ④의 고기를 굽는다.
6. 완성된 너비아니는 4×5×0.5cm 크기로 그릇에 담는다.
7. 잣은 종이를 깔고 밀대로 밀어서 칼날로 잘게 다진다.
8. ⑥의 소고기 위에 잣가루를 뿌려 낸다.

조리 Point
- 소고기를 부드럽게 먹기 위해서는 결을 반대로 저며야 하며 타지 않게 굽도록 한다.
- 소고기는 익었을 때 수축이 심하므로 요구 사항의 크기보다 크고 얇게 자른다.

10 녹두빈대떡

추천시간 **20분**

재료 및 분량

녹두가루 100g, 배추김치 50g, 돼지고기 50g, 고사리 20g, 숙주 20g, 쪽파 2뿌리, 홍고추 1개, 실고추 2g, 소금 1큰술, 참기름 1큰술, 식용유 3큰술, 깨소금 약간

돼지고기 양념 : 소금 1/2작은술, 다진파·다진마늘·다진생강·참기름·깨소금·후춧가루 약간
양념간장 : 간장 2큰술, 다진파·다진마늘·참기름·깨소금 약간

만드는법

1. 숙주는 머리, 꼬리를 떼고 데쳐서 굵직하게 썰어 물기를 짠 후 소금, 참기름으로 간을 한다.
2. 고사리는 데친 후 송송 썰어 소금과 참기름으로 무친다.
3. 배추김치는 물기를 짜내어 송송 썰어 참기름, 깨소금으로 무친다.
4. 돼지고기는 다져서 돼지고기 양념한다.
5. 홍고추는 동글동글 썰어서 물에 헹궈 씨를 제거하고 쪽파는 송송 썬다.
6. 녹두가루에 물을 붓고 돼지고기, 배추김치, 고사리, 숙주를 넣어 반죽을 하고 소금으로 옅은 간을 한다.
7. 팬을 달구어 기름을 두르고 반죽을 떠놓아 지름 6cm 크기로 전을 부치면서 홍고추, 쪽파, 실고추를 얹어서 노릇하게 지진다.

조리 Point
다른 전유어나 채소류보다 기름을 넉넉히 두르고 지져야 맛이 좋다.

11 느타리버섯산적

추천시간 **20분**

재료 및 분량

느타리버섯 30g, 소고기 50g, 쪽파 30g, 산적 꼬치 2개, 소금·식용유 약간

소고기 양념 : 간장·설탕·다진파·다진마늘·참기름·깨소금·후춧가루 약간

느타리버섯·쪽파 양념 : 소금·참기름 약간

만드는 법

1. 소고기는 찬물에 담가 핏물을 뺀다.
2. 느타리버섯은 끓는 소금물에 데쳐서 찬물에 헹궈 물기를 제거한 다음 소금과 참기름으로 밑간을 한다.
3. ①의 소고기는 8×2×0.5cm 정도의 크기로 자른 다음 잔 칼집을 충분히 넣고 칼끝을 세워서 힘줄을 끊어 소고기 양념을 한다.
4. 쪽파는 6cm 길이로 썰어서 소금과 참기름으로 밑간을 한다.
5. 꼬치에 식용유를 바르고 느타리버섯, 쪽파, 소고기를 번갈아 끼워 달군 석쇠에 얹어서 굽는다.

조리 Point

산적은 1.5cm 정도의 너비로 맞추어 느타리버섯과 쪽파, 소고기를 끼운다.

12 닭고기겨자채

추천시간 25분

재료 및 분량

닭 200g, 오이 50g, 당근 30g, 배 50g, 밤 2개, 달걀 1개, 잣 1작은술, 양배추 30g, 대파 1/2대, 마늘 2개, 생강 1/2개, 설탕 1큰술, 겨잣가루 1큰술

겨자즙 : 숙성된 겨자 1큰술, 설탕 3큰술, 식초 3큰술, 간장 2/3작은술, 소금 1/2작은술

만드는 법

1. 냄비에 물을 붓고 대파, 마늘, 생강을 넣어 끓어오르면 닭을 넣어 삶는다.
2. ①의 닭을 식혀서 닭살만 골라서 손으로 잘게 찢어 놓는다.
3. 배와 밤은 4×1×0.2cm 크기로 썰어 설탕물에 담근다.
4. 당근, 오이, 양배추는 배와 같은 크기로 썰어서 찬물에 담가 둔다.
5. 겨잣가루는 동량의 따뜻한 물을 넣어 숙성시켜 겨자즙을 만든다.
6. 달걀은 도톰하게 지져 ③의 크기로 썬다.
7. 잣은 반으로 잘라 비늘잣을 만든다.
8. ③, ④는 물기를 제거하고 ②와 섞는다.
9. 여기에 ⑤의 겨자즙을 넣어 섞은 뒤 마지막에 ⑥의 달걀지단을 넣고 버무려 잣을 올려 낸다.

조리 Point

지단은 미리 넣으면 찢어지므로 마지막에 넣어 겨자즙으로 살짝 버무려 제출한다.

13 닭찜

추천시간 35분

재료 및 분량
닭 1/2마리, 양파 50g, 당근 50g, 불린 표고버섯 1장, 달걀 1개, 은행 3개, 소금 1작은술, 식용유 2큰술

닭고기 양념장 : 간장 2큰술, 설탕 1큰술, 다진파·다진마늘·다진생강·참기름·깨소금·후춧가루 약간 + 물 140ml

만드는 법
① 닭은 찬물에 넣어 핏물을 제거한 후 4~5cm 길이로 잘라 칼집을 넣는다.
② 당근은 밤톨모양으로 다듬고, 양파는 4cm 길이로 뿌리를 살려서 썰고, 불린 표고버섯은 4조각으로 썬다.
③ 끓는 물에 당근, 닭을 각각 데쳐낸다.
④ 황·백지단은 지져내서 마름모꼴 모양으로 자르고, 은행은 식용유와 소금을 넣어 볶아 껍질을 벗긴다.
⑤ 양념장을 만들어 ①의 닭과 당근, 양파, 표고버섯을 넣고 윤기나게 조려낸다.
⑥ 완성 그릇에 담고 황·백지단, 은행을 얹어낸다.

조리 Point
- 닭이 잘 익도록 하되 색깔이 너무 진해지지 않도록 한다.
- 양념장의 2/3는 먼저 넣고 조려 색을 낸 다음 나머지 양념장 1/3에 물을 섞어 넣어 마저 조린다.

14 대추단자

추천시간 **30분**

재료 및 분량

찹쌀가루 1컵, 대추 5개, 꿀 1큰술, 물 1큰술, 소금 1작은술

고물 : 대추 6개
소 : 밤 3개, 계핏가루 1/2작은술, 꿀 1/2큰술

만드는 법

1. 찹쌀가루는 소금을 약간 넣고 체에 내려 준비한다.
2. 대추는 씨를 발라내고 곱게 다져서 ①의 찹쌀가루와 섞어 물을 뿌려 고루 비벼서 김이 오른 찜통에 젖은 면포를 깔고 20분 정도 찐다.
3. ②의 쪄진 떡은 절구에 담아 식기 전에 방망이에 소금물을 발라가며 꽈리가 일도록 10분 정도 친다.
4. 고물용 대추는 씨를 발라내고 밀대로 밀어서 곱게 채썰어 채고명으로 만든다.
5. 밤은 물을 넣고 푹 쪄서 반을 잘라 숟가락으로 속을 파내어 계핏가루와 꿀을 섞어 막대모양으로 길게 만든다.
6. 도마에 꿀을 바르고 ③을 두께 1cm 정도로 펴서 ⑤의 밤소를 넣고 돌돌 말아서 대추알 정도의 크기로 자른다.
7. 손에 꿀을 바르고 ⑥을 돌돌 말아 다시 꿀을 묻히고 채고명을 고루 묻힌다.

조리 Point

- 대추의 채는 최대한 곱게 썰어야 찹쌀떡에 채고명이 잘 달라붙는다.
- 밤이 많이 나올 경우에는 껍질을 벗기고 최대한 곱게 채썰어 찜통에 살짝 쪄내어 대추채와 섞어서 고물로 묻혀서 낸다.

15 대추죽

추천시간 **20분**

재료 및 분량
대추 50g, 찹쌀가루 1/4컵, 소금 1/2작은술, 꿀 1큰술

만드는 법
① 대추는 꼼꼼히 씻어 돌려깎아 씨와 살을 분리하여 놓는다.
② 대추 살은 잘게 채를 썰어 준비한다.
③ ①의 대추 씨는 4컵의 물을 붓고 3컵이 될 때까지 끓여 내어 체에 받쳐 국물만 따른다.
④ ③의 대추 육수에 ②의 대추 살을 넣고 1컵이 될 때까지 푹 끓여 체에 곱게 내린다.
⑤ 찹쌀가루는 물에 개어 멍울지지 않도록 체에 받친다.
⑥ ④를 끓이다가 ⑤의 찹쌀물을 부어 저어가면서 끓인 다음 찹쌀물이 익으면 소금으로 간을 하고 꿀을 넣는다.
⑦ 죽을 그릇에 담고 대추를 고명으로 얹는다.

조리 Point
- 시험장에서 잣이 나올 경우에는 고명으로 올려낸다.
- 제출 시 식지 않도록 끓여서 내도록 하고 농도에 유의한다.

16 대추초 · 밤초

추천시간 35분

대추초

재료 및 분량

대추 8개, 잣 1큰술, 꿀 3큰술

만드는 법

① 대추는 젖은 면포로 닦고 돌려깎기하여 씨를 뺀 후, 안쪽에 꿀을 바르고 잣을 3~4개 채워서 원래 모양대로 말아서 오므린다.
② 냄비에 대추, 꿀을 넣고 끓으면 불을 줄여 약한 불에서 조린다.
③ 윤기나게 조린 후 양쪽 끝에 잣을 박아 모양을 내어 그릇에 담아낸다.

밤초

재료 및 분량

밤 5개, 꿀 2큰술, 소금 1/2작은술

만드는 법

① 밤은 껍질을 벗겨 모양내어 깎은 후 끓는 소금물에 익혀낸다.
② 냄비에 밤, 꿀을 넣고 끓으면 약불에서 서서히 조린 후 꿀물이 거의 조려지면 그릇에 담아낸다.

조리 Point

- 고명으로 잣가루를 뿌리기도 한다.
- 꿀 대신 설탕이 지급이 되었을 경우는 시럽(물 1컵 : 설탕 2큰술)을 만들어 조린다.
- 계핏가루가 지급이 되면 꿀과 함께 넣고 끓여 조린다.

17 대하잣즙무침

추천시간 20분

재료 및 분량

대하 4마리, 소고기(사태) 100g, 죽순 50g, 오이 1/2개, 잣 30g, 대파 1/2대, 마늘 1개, 생강 2g, 소금 1작은술, 식용유 1큰술

향미채소 : 대파 1/2대, 마늘 1개, 생강 1/3개
대하 밑간 : 청주 1큰술, 흰후춧가루 1/2작은술, 소금 1/2작은술
잣즙소스 : 잣 2큰술, 대하 육즙 2큰술, 소금 2/3작은술, 참기름 2작은술, 흰후춧가루 1/5작은술

만드는 법

1. 물에 향미채소를 넣고 끓으면 소고기를 넣어 삶아 편육을 만들어서 4×1×0.3cm 크기로 썬다.
2. 대하는 손질하여 내장을 빼고 접시에 담아 대하 밑간을 하고 대파, 마늘, 생강을 편으로 썰어 얹어 찜통에 10분 정도 찐다.
3. ❷의 대하는 씻지 않고 식혀 껍질을 벗기고 길이로 반을 갈라 포를 뜬다.
4. 오이는 4×1×0.3cm 크기로 썰어서 소금에 살짝 절여 물기를 짠다.
5. 죽순은 빗살 모양을 살려 4×1×0.3cm 크기로 썬다.
6. 달군 팬에 기름을 두르고 죽순은 소금을 넣어 볶고 오이는 살짝 볶아서 식힌다.
7. 잣은 종이에 싸서 밀대로 밀어 부순 후 칼날로 곱게 다진다.
8. ❷의 대하 육즙에 다진잣을 넣고 소금, 참기름, 흰후춧가루를 넣어 잣즙소스를 만든다.
9. 대하에 잣즙소스를 넣어 버무리고 편육과 오이, 죽순을 넣어 섞은 다음 접시에 담아낸다.

조리 Point

대하를 찜통에 찔 때 접시에 담아서 쪄야 대하 육즙을 만들 수 있으므로 유의한다. 이때 생긴 대하 육즙은 잣즙소스에 넣어 사용한다.

18 대하찜

추천시간 **30분**

재료 및 분량

대하 5마리, 풋고추 1개, 홍고추 1개, 달걀 1개, 석이버섯 2장, 식용유 1/2작은술, 소금 1/6작은술, 참기름 1/6작은술

대하 양념 : 소금 1/2작은술, 청주 1큰술, 마늘즙 1작은술, 흰후춧가루 1/8작은술

겨자장 : 숙성된 겨자 1작은술, 설탕 1큰술, 식초 1큰술, 소금 1/3작은술, 간장 1/5작은술

만드는 법

1. 겨자는 따뜻한 물을 동량으로 넣고 개어 매운 맛이 나도록 숙성시킨 다음 겨자장을 만든다.
2. 대하는 소금물에 씻어서 등쪽으로 반을 가르고 내장을 제거한다.
3. ❷의 대하는 잔 칼집을 넣고 칼끝을 세워 힘줄을 끊어주고 가장자리를 0.5cm 정도 잘라 준 다음 대하 양념을 한다.
4. 풋고추·홍고추는 반으로 갈라 씨를 빼고 2×0.1×0.1cm 크기로 채썬다.
5. 달걀은 황·백지단으로 부쳐 2×0.1×0.1cm 크기로 채썬다.
6. 석이버섯은 채를 썰어 소금과 참기름으로 간을 한 다음 살짝 볶는다.
7. 열이 오른 찜통에 대하를 넣고 5~10분 정도 쪄낸 후 고추, 석이버섯, 황·백지단을 올려 잠깐 김을 올린 후 담아낸다.
8. 겨자장을 곁들여 낸다.

조리 Point
대하는 오그라들지 않도록 잔 칼집을 넣고 힘줄을 제거한다.

19 대합구이

추천시간 25분

재료 및 분량

대합 2개, 소고기(우둔살) 30g, 조갯살 50g, 두부 50g, 쑥갓 3줄기, 밀가루 2큰술, 달걀 1개, 식용유 1큰술

소 양념 : 소금 1/2작은술, 다진파·다진마늘·참기름·깨소금·후춧가루 약간
초간장 : 간장 1큰술, 식초 1큰술, 설탕 1/2큰술

만드는 법

1. 대합은 소금물에 담가 해감을 한 다음 끓는 물에 데쳐 살을 떼어 내고 내장은 제거하고 껍질은 깨끗이 씻어 놓는다.
2. 소고기는 곱게 다지고 두부는 으깬 다음 물기를 제거한다.
3. 조갯살과 ①의 대합살은 깨끗이 씻어 물기를 제거한 다음 곱게 다진다.
4. 소고기, 두부, 조갯살, 대합살을 섞어 소 양념을 한다.
5. 대합 껍질에 식용유를 바르고 밀가루를 뿌려 ④의 소를 편편하게 채워 밀가루를 얇게 묻힌 다음 달걀물을 입혀 팬에서 지진다.
6. ⑤의 대합을 다시 석쇠에 얹어 굽는다.
7. 속까지 다 익으면 쑥갓잎을 보기좋게 붙여 달걀물을 살짝 입혀 지진다.
8. 초간장을 곁들여 낸다.

조리 Point

타지 않게 구워내야 하므로 팬에서 최대한 익힌 다음 석쇠에서 구워낸다.

20 대합찜

추천시간 **30분**

재료 및 분량

대합 2개, 소고기 60g, 두부 20g, 달걀 2개, 풋고추 1개, 홍고추 1개, 석이버섯 5장, 밀가루 2큰술, 식용유 2큰술, 소금 1큰술, 참기름 1작은술

대합 소 양념: 소금 2/3작은술, 다진파·다진마늘·생강즙·참기름·깨소금·후춧가루 약간

만드는 법

① 대합은 해감을 한 후 데쳐서 대합의 입이 벌어지면 건져 내장은 제거한 후 살은 곱게 다지고 껍질은 씻어 놓는다.
② 소고기, 두부는 곱게 다진 후 ①의 잘게 다진 대합 살과 섞어 소 양념을 한다.
③ 풋고추와 홍고추는 0.3×0.3×3cm 크기로 채를 썰어 소금과 참기름을 넣어 팬에서 살짝 볶아서 식힌다.
④ 달걀 황·백지단도 0.3×0.3×3cm 크기로 썬다.
⑤ 석이버섯은 채를 썰어 소금, 참기름을 넣어 볶아낸다.
⑥ 대합 껍질 안쪽에 식용유를 바르고 밀가루를 뿌려 소를 편편하게 채운 후 밀가루와 노른자를 발라 찜통에서 15분간 찐다.
⑦ 찐 대합 위에 풋고추, 홍고추, 황·백지단, 석이버섯을 가지런히 고명으로 얹어서 담아낸다.

조리 Point
풋고추, 홍고추는 살짝 볶아 고유의 색이 유지되도록 선명하게 하여 고명으로 얹어낸다.

21 도라지나물

추천시간 20분

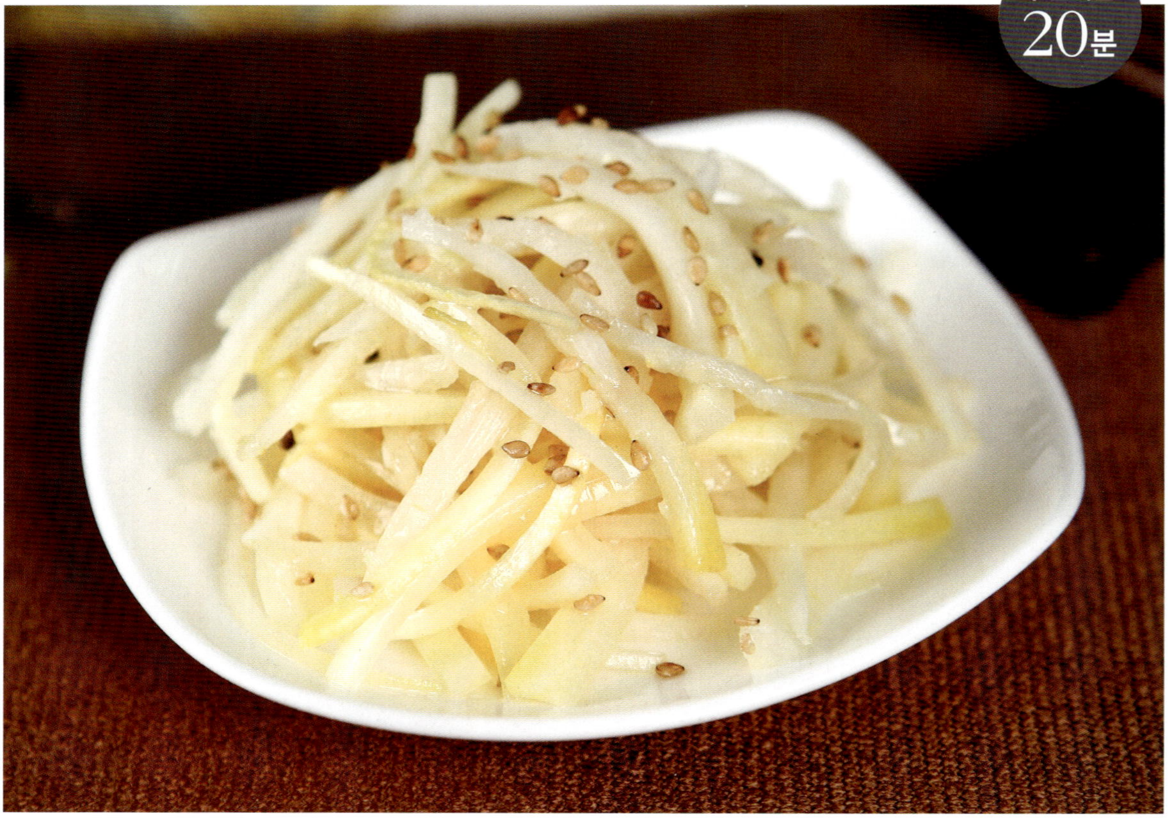

재료 및 분량

통도라지 200g, 식용유 1큰술, 참기름 1작은술, 깨소금 1작은술, 소금 1작은술

양념 : 소금 1작은술, 다진파 · 다진마늘 · 다진생강 약간

만드는 법

1. 통도라지는 껍질을 벗기고 6×0.5×0.5cm 크기로 썰어서 소금을 넣고 주물러 쓴맛을 뺀 다음 헹궈서 물기를 짠다.
2. 도라지에 양념을 넣어서 무친다.
3. 팬에 식용유를 두르고 ②의 도라지를 넣고 볶다가 물 3큰술을 넣어 뚜껑을 덮고 익힌다.
4. 도라지가 거의 익어 약간의 국물이 남았을 때 참기름 1작은술, 깨소금 1작은술을 넣어 고루 섞어 그릇에 담아낸다.

조리 Point

실고추가 지급이 되면 3cm 정도의 크기로 잘라서 마지막에 버무려 낸다.

22 도라지정과

추천시간 30분

재료 및 분량

통도라지 100g, 소금 1작은술

시럽: 물 1컵, 설탕 2큰술, 물엿 1큰술, 꿀 1/3큰술

만드는 법

① 도라지를 껍질을 돌려가며 벗긴다.
② 도라지는 5×1×0.6cm 크기로 썰어 소금으로 주물러 쓴맛을 뺀 다음 끓는 소금물에 데친 후 찬물에 헹군다.
③ 냄비에 물 1컵을 넣고 도라지, 설탕 2큰술을 넣어서 강불로 조린다.
④ 끓기 시작하면 약불로 줄인 다음 은근하게 조린다.
⑤ 반쯤 조려지면 물엿 1큰술을 넣고 도라지가 투명해질 때까지 서서히 조린다.
⑥ ⑤가 1/3 정도로 조려지면 꿀 1/3큰술을 넣어 윤기를 낸다.
⑦ 조려진 정과를 체에 받쳐 시럽을 빼고 보기좋게 담아낸다.

조리 Point

- 시럽(물 : 설탕 = 1컵 : 2큰술)은 1/3로 조려질 때까지 약불로 서서히 끓여내야 한다.
- 불 온도를 높게 하면 완성시 시럽이 굳으므로 반드시 약불에서 서서히 끓여야 한다.
- 완성된 정과는 투명한 색이 되도록 한다.
- 호일로 속뚜껑을 만들어 덮으면 윤기나게 조려진다.

23 도미면

추천시간 50분

재료 및 분량

도미(1마리) 500g, 소고기(우둔살) 30g, 소고기(사태 또는 양지머리) 100g, 두부 10g, 당면 30g, 호두 3개, 잣 1작은술, 은행 5개, 홍고추 1개, 석이버섯 3장, 목이버섯·불린 표고버섯 2장, 달걀 3개, 미나리·쑥갓 30g, 밀가루 2큰술, 소금 1큰술, 흰후춧가루 2g, 식용유 2큰술

육수 : 소고기(사태 또는 양지머리) 100g, 대파 1/2대, 마늘 2개 + 국간장 1작은술, 소금 1작은술
완자 양념 : 소금·다진파·다진마늘·참기름·후춧가루 약간

만드는 법

1. 찬물에 핏물을 제거한 소고기(사태 또는 양지머리)를 넣고 끓이다가 대파, 마늘을 넣고 육수를 만들어 체에 걸러 소금과 국간장으로 간을 한 후 납작하게 썬다.
2. 도미는 비늘을 긁어내고 내장을 제거하여 3장 뜨기를 한 다음 껍질을 벗기고 가로 4cm, 세로 5cm 정도로 저며 썬 다음 소금, 흰후춧가루로 간을 하고 밀가루와 달걀물을 입혀 지져낸다.
3. 소고기(우둔살)는 곱게 다져 잘게 으깬 두부와 섞어 완자 양념을 한 후 1.2cm 크기로 완자를 빚어 밀가루와 달걀물을 입혀 식용유를 두르고 지져낸다. 미나리는 초대를 만든다.
4. 호두는 더운 물에 불려 속껍질을 벗기고 잣은 고깔을 떼어 놓고, 은행은 팬에 소금을 넣어 볶은 후 껍질을 벗겨둔다.
5. 불린 표고버섯은 기둥을 떼고, 목이버섯은 불려서 손으로 뜯고, 석이버섯은 곱게 다진다.
6. 달걀은 황·백으로 나누어 소금을 넣고 푼 다음 황지단은 부치고, 흰자는 반으로 나누어 흰색 지단과 다진 석이버섯을 넣고 부친다. 지단, 미나리초대, 표고버섯, 홍고추는 4×2.5cm 크기의 골패형으로 썬다.
7. 냄비에 삶은 고기를 깔고 위에 도미를 놓고 전유어를 원래의 모양대로 모아 담은 후 준비한 재료와 완자를 색을 맞추어 돌려 담고 육수를 부어 끓인다.
8. 당면은 더운 물에 불려서 짧게 끊어 ❼이 끓으면 한쪽에 잣, 호두, 은행을 얹고 잠깐 끓여 쑥갓을 곁들여 낸다.

조리 Point

부재료를 살짝 위에 돌려 담고 도미를 아래쪽에 놓아서 도미가 육수에 충분히 익도록 한다.

24 도미찜

추천시간 **40분**

재료 및 분량

도미 1마리, 소고기 200g, 석이버섯 5g, 풋고추 1개, 홍고추 1개, 달걀 1개, 소금 1작은술, 참기름 1작은술, 식용유 1큰술

도미 밑간 : 소금 1작은술, 생강즙 1작은술, 흰후춧가루 1/2작은술

소고기 양념 : 간장 1작은술, 설탕 1/2작은술, 다진파 · 다진마늘 · 참기름 · 깨소금 · 후춧가루 약간

만드는 법

① 도미는 비늘을 긁고 내장을 꺼낸 다음, 깨끗이 손질하여 씻는다.
② ①의 도미는 양면에 2cm 간격으로 칼집을 넣고 도미 밑간을 한다.
③ 소고기는 곱게 다진 다음 양념을 하고 ②의 칼집 사이사이에 끼운다.
④ 풋고추 · 홍고추는 4×0.2×0.2cm 크기로 썰어 소금과 참기름을 넣어 살짝 볶아서 식혀둔다.
⑤ 석이버섯은 소금으로 문질러 씻어 곱게 채를 썰어 소금, 참기름을 넣어 살짝 볶는다.
⑥ 달걀은 황 · 백지단으로 부쳐 ④의 크기로 썬다.
⑦ ③의 도미는 김이 오르는 찜통에 넣고 약 15분 가량 쪄서 속까지 익힌다.
⑧ ⑦의 도미에 오색 고명을 얹어 한 김을 올려 접시에 담아낸다.

조리 Point

- 풋고추 대신 미나리 또는 오이가 지급이 되면 미나리는 데쳐서 소금, 참기름으로 간을 하고 오이는 채썰어 살짝 볶아 고명으로 얹어낸다.
- 오색 고명은 잠시 한 김만 올려야 색이 누렇게 변하지 않는다.

25 두부선

재료 및 분량

두부 1/2모, 닭고기 60g, 홍고추 1/4개, 풋고추 1/2개, 불린 표고버섯 1장, 불린 석이버섯 2장, 달걀 1개, 실고추 1g, 잣 1작은술

전체 양념 : 소금 1/2작은술, 다진파·다진마늘·참기름·깨소금·후춧가루 약간
고명 : 황·백지단, 표고버섯, 실고추, 석이버섯, 비늘잣
초간장 : 간장 1큰술, 식초 1/2큰술, 설탕 1/2큰술

만드는 법

1. 닭고기는 살만 발라서 힘줄 제거 후 곱게 다지며, 홍고추·풋고추를 다지고 불린 표고버섯을 가늘게 채썬다.
2. 잣은 고깔을 떼어놓고 반으로 쪼개어 비늘잣을 만든다.
3. 달걀은 황·백지단으로 나누어 부치고 1×0.1×0.1cm 크기로 가늘게 채썬다.
4. 두부는 칼을 눕혀 으깨어 면포에 싸서 물기를 제거한다.
5. 불린 석이버섯은 가늘게 채를 썰고 실고추는 2cm 정도로 자른다.
6. 두부와 닭고기, 홍고추, 풋고추를 섞어 전체 양념을 한다.
7. 젖은 면포를 펴고 양념한 두부를 두께 1cm 정도로 고루 펴서 네모지게 만들고, 표고버섯, 석이버섯을 얹고 김이 오른 찜통에 중불에서 10여 분 쪄낸다.
8. ❼에 황·백지단, 실고추, 비늘잣을 올려 살짝 쪄내고 꺼내어 식힌다.
9. ❽은 3×3×1cm 정도의 크기로 썰어 담아서 초간장을 곁들여 낸다.

조리 Point
완성된 두부선은 균일한 크기로 자른다.

26 두부전골

추천시간 **50분**

재료 및 분량
두부 1모, 소고기 200g, 무 100g, 당근 50g, 표고버섯 3장, 양파 1/2개, 미나리 50g, 달걀 2개, 소금 1작은술, 후춧가루 1/2작은술, 식용유 2큰술, 녹말가루 1큰술, 밀가루 1작은술

육수 : 소고기(양지머리) 50g, 대파 1/2대, 마늘 2개, 물 + 국간장 1작은술, 소금 1/2작은술
소고기 양념 : 간장 1큰술, 다진파 · 다진마늘 · 참기름 · 깨소금 · 후춧가루 약간

만드는 법
1. 육수용 소고기는 대파, 마늘을 넣고 끓여 면포에 걸러서 소금과 국간장으로 간을 한다.
2. 두부는 2.5×4×0.5cm 크기로 썰어서 소금과 후춧가루를 뿌려둔 후, 물기를 제거하고 녹말을 묻혀 한 면만 지져 놓는다.
3. 소고기는 반은 채썰어 양념하고 반은 곱게 다져 양념하여 놓는다.
4. 무, 당근, 양파, 표고버섯, 달걀 황 · 백지단은 4×1.5cm 크기로 썬다.
5. 미나리의 반은 소금물에 데쳐 내어 찢어 놓고 반은 미나리초대를 만들어 ④와 같은 크기로 썬다.
6. ③의 다진 소고기 반은 직경 1.5cm 크기의 완자를 만들어 밀가루와 달걀물을 입혀 지져낸다.
7. 나머지 소고기의 반은 ②의 두부의 녹말이 묻은 쪽(지져 놓지 않은 면)에 얄팍하게 넣어 두부 2쪽을 붙여 미나리 줄기로 가운데를 동여 맨다.
8. 전골냄비에 채썰어 양념한 고기를 판판하게 깔고 ④, ⑤을 돌려 담고 ⑥, ⑦을 얹어 ①의 육수를 부어 끓여서 낸다.

조리 Point
- 숙주가 나올 경우에는 데쳐서 양념하여 채소들과 돌려 담아낸다.
- 미나리로 동여 맨 두부는 육수에 충분히 담근 후 끓여서 두부 속의 고기를 익혀 내도록 한다.

 ## 떡갈비구이

추천시간 **30분**

재료 및 분량

갈비 300g, 찹쌀가루 1큰술, 밀가루 1큰술, 식용유 약간

갈비 양념 : 생강즙 1작은술, 소금·다진파·다진마늘·참기름·깨소금·후춧가루 약간

구이 양념 : 간장 1큰술, 설탕 1/2큰술, 배즙 1큰술, 다진파·다진마늘·참기름·깨소금·후춧가루 약간

만드는 법

1. 갈비는 찬물에 담가 핏물을 제거한다.
2. ①의 갈비는 물기를 제거한 다음 기름은 떼어내고 살은 발라내어 곱게 다져서 갈비 양념을 한 다음 찹쌀가루를 넣어 끈기가 나도록 치댄다.
3. 갈비뼈는 끓는 물에 데쳐서 밀가루를 발라 ②의 갈비 반죽을 붙여서 표면이 매끄럽게 되도록 칼끝으로 손질한다.
4. 구이 양념장을 만들어 준비한다.
5. 열이 오른 팬에 식용유를 두르고 ③의 떡갈비를 절반 정도 익힌 다음 불을 낮추어 구이 양념장을 발라가면서 뚜껑을 덮어 속까지 익혀낸다.

조리 Point
팬에서 떡갈비를 지져서 익힐 때 팬을 자주 닦아주어 핏물이 떡갈비에 묻지 않도록 유의한다.

 # 떡수단

추천시간 25분

재료 및 분량

멥쌀가루 100g, 녹말가루 3큰술, 잣 1/2작은술, 꿀 1큰술, 오미자 1큰술

설탕시럽 : 설탕 3큰술, 물 3큰술

만드는 법

❶ 멥쌀가루에 연한 소금물을 약간 넣어 고루 비벼 섞는다.
❷ ❶을 체에 내려 찜통에 면포를 깔고 12분 정도 찐다.
❸ ❷를 절구에 넣고 물을 묻혀가며 차지게 될 때까지 친다.
❹ ❸을 가래떡 모양으로 지름 1cm 정도 크기로 만들어 1cm 정도 길이로 나무젓가락을 앞, 뒤로 문질러 가며 자른다.
❺ 썬 떡은 녹말가루를 묻혀 끓는 물에 삶은 다음 찬물에 헹군다.
❻ ❺를 2~3회 반복하여 물기를 빼둔다.
❼ 설탕과 물을 동량으로 넣고 끓여 시럽을 준비한다.
❽ 오미자는 깨끗이 씻어서 물에 불려 붉은 빛으로 우러나면 면포에 걸러 준비한다.
❾ ❽의 오미자물 1컵에 ❼의 시럽 2큰술을 넣고 꿀 1큰술을 넣어 섞는다.
❿ ❾에 잣을 띄워낸다.

조리 Point
- 시럽은 동량의 물과 설탕을 넣어 1/2로 줄어들 때까지 끓인다.
- 오미자물(물) 1컵에 시럽 2큰술을 넣으면 적당하다.

29 떡찜

추천시간 **30분**

재료 및 분량

흰떡(가래떡) 300g, 소고기(우둔살) 50g, 소고기(사태) 50g, 당근 50g, 불린 표고버섯 1장, 무 100g, 미나리 20g, 은행 3알, 잣 5g, 밤 2개, 밀가루 10g, 생강 10g, 산적꼬지 1개, 달걀 1개, 대파 1/4대, 마늘 2개, 식용유 1큰술, 소금 1작은술

찜 양념장 : 간장 3큰술, 설탕 2큰술, 다진파·다진마늘·참기름·깨소금·후춧가루 약간 + 육수 1컵
소고기(우둔살) 양념 : 간장 1큰술, 설탕 1/2큰술, 다진파·다진마늘·참기름·깨소금·후춧가루 약간

만드는 법

① 무와 당근은 3~4cm 크기의 밤톨 모양으로 다듬고, 불린 표고버섯은 은행잎 모양으로 썰고, 미나리는 4cm로 썬다.
② 소고기(사태)는 찬물에 담가 핏물을 빼서 끓는 물에 대파, 마늘을 넣고 삶다가 사태가 반 정도 무르면 ①의 무와 당근을 넣어 덜 무를 정도로만 삶는다. 다 익으면 육수는 면포에 거른다.
③ 열이 오른 팬에 기름과 소금을 두르고 은행을 볶아 속껍질을 벗긴다.
④ 달걀은 황·백지단으로 부치고, 미나리는 초대를 만들어 각각 완자형 모양으로 썬다.
⑤ 소고기(우둔살)는 다져서 양념하고 떡은 4~6cm 길이로 잘라 십자가 모양으로 양끝을 1cm 남기고 칼집을 넣어 끓는 물에 살짝 데쳐 양념한 소고기를 칼집 사이에 끼워 넣는다.
⑥ 소고기(사태)는 한입 크기로 썰어 무, 당근, 표고버섯에 찜 양념장을 붓고 무르게 끓이다가 반쯤 조려졌을 때 떡을 넣는다.
⑦ 그릇에 보기 좋게 담아내어 황·백지단, 미나리초대(완자형), 은행을 고명으로 사용하고 잣을 올려서 낸다.

조리 Point
떡은 중간에 넣어야 풀어지지 않으므로 유의한다.

30 마른안주

추천시간 **35분**

	재료 및 분량	만드는 법
호두튀김	호두 4개, 녹말가루 1작은술, 식용유 1컵, 설탕 1작은술, 소금 1/6작은술	❶ 호두는 반으로 갈라서 가운데 딱딱한 심을 발라낸 후, 뜨거운 물에 불려 꼬치로 껍질을 벗긴다. ❷ 껍질 벗긴 호두에 녹말가루를 고루 묻힌다. ❸ 중온의 튀김기름에 ❷를 넣고 노릇하게 튀겨 낸 다음 건져서 뜨거울 때 소금과 설탕을 뿌린다.
생율	밤 3개	❶ 밤은 겉껍질과 속껍질을 물에 씻어 가면서 말끔히 벗긴다. ❷ 칼로 밤의 위와 아래를 반듯한 모양이 되도록 다듬는다.
은행꽂이	은행(겉껍질 깐 것) 9개, 잣 6개, 소금 1/6작은술, 식용유 1작은술, A4용지 1장	❶ 팬을 충분히 달구어 식용유를 두르고 은행과 소금을 넣어 초록빛이 될 때까지 볶은 후 바로 종이에 부어 속껍질을 벗긴다. ❷ 꼬치에 3개씩 끼우고 잣으로 마무리한다.
다시마 매듭자반	다시마 10g, 잣 1작은술, 통후추 1작은술, 설탕 1작은술, 식용유 1컵	❶ 다시마는 젖은 면포로 닦은 후 젖은 면포를 씌워 5분간 두고 8×0.5cm 크기로 자른다. ❷ 자른 다시마를 매듭을 지어 삼각진 매듭사이에 잣과 통후추를 한 알씩 넣어 빠지지 않게 잘 당긴다. ❸ 160℃의 식용유에 바삭하게 튀긴 다음 식기 전에 설탕을 고루 뿌린다.

31 면신선로

추천시간 50분

재료 및 분량

소고기(사태) 50g, 소고기(우둔살) 30g, 패주 1개, 불린 해삼 50g, 새우 2마리, 죽순(캔) 30g, 홍고추 1개, 쪽파 4줄기, 미나리 5줄기, 달걀 1개, 쑥갓 3줄기, 석이버섯 3장, 소면 30g, 대파 1/2대, 마늘 2개, 국간장 1작은술, 소금 1/2작은술, 밀가루 1큰술, 대꼬치

소고기 양념(사태 · 우둔살) : 소금 · 다진파 · 다진마늘 · 참기름 · 후춧가루 약간

만드는 법

① 사태는 찬물에 담가 핏물을 빼고 대파, 마늘을 넣어 끓인 후 식혀 기름을 걷어내고 국간장과 소금으로 간을 한다.
② 고기가 무르게 익으면 건져내어 3cm 너비로, 신선로 틀의 폭을 길이로 맞추어 썬 다음 고기 양념을 한다.
③ 소고기 우둔살은 얇고 잘게 썰어서 소고기 양념을 한다. 죽순은 데친 후 빗살 모양으로 얇게 썬다.
④ 패주는 가장자리의 막을 떼고 결의 반대로 얇게 저며 썰고, 불려놓은 해삼은 납작하게 ②의 크기로 자른다.
⑤ 홍고추는 3cm로 썰고, 새우는 씻어서 내장 · 껍질을 제거하고 납작하게 저며 썬다.
⑥ 미나리는 줄기 부분에 대꼬치를 위, 아래로 꿰어 밀가루와 달걀물을 씌워 미나리 초대를 부친 다음 ②의 크기로 자른다.
⑦ 석이버섯은 곱게 다져 흰자와 섞어 석이지단을 만들어 ②의 크기로 자른다.
⑧ 쪽파는 신선로 길이와 맞추어 썰고, 쑥갓은 4cm 크기로 잘라 놓는다.
⑨ 달걀은 황 · 백지단으로 도톰하게 지져서 ②의 크기로 맞추어 썬다.
⑩ 냄비에 ③의 고기를 깔고 재료들을 색을 맞추어 돌려 담아 ①의 육수를 붓고 끓인다.
⑪ 국수를 삶아서 찬물에 헹군 다음 ①의 더운 장국에 토렴하여 대접에 담는다. 쑥갓을 올리고 한소끔 더 끓여낸다.

조리 Point

- 시험장에서 석이버섯이 나오지 않을 경우에는 황 · 백지단만 부쳐서 내도록 한다.
- 시험장에 신선로 용기가 별도로 없을 경우에는 냄비에 공기그릇을 엎어 재료를 돌려 담아서 내므로 재료를 담을 때 움직이지 않게 유의한다.

32 명란젓찌개

추천시간 **30분**

재료 및 분량

명란젓 100g, 무 1/4개, 두부 100g, 소고기 50g, 쪽파 20g, 새우젓 1작은술, 참기름 1작은술, 소금 1작은술

소고기 양념: 국간장 1/2작은술, 다진파·다진마늘·참기름·후춧가루 약간

만드는 법

① 쪽파는 4cm 길이로 썰고, 무와 두부는 3cm 길이로 납작하게 썬다.
② 소고기는 얇게 저며 썬 후 소고기 양념을 하여 냄비에 참기름을 두르고 볶다가 물을 부어 끓인다.
③ 명란젓은 3cm 길이로 자른다.
④ ②의 국물에 무를 넣어 익으면 명란젓, 두부, 쪽파를 넣어 끓인다.
⑤ 끓이다가 싱거우면 새우젓과 소금으로 간을 한 다음 불을 끄고 참기름을 한 두방울 넣는다.

조리 Point

찌개이므로 국물(1/3)과 건더기(2/3)의 비율에 유의한다.

33 모약과

추천시간 40분

재료 및 분량

밀가루 $2\frac{1}{5}$컵, 설탕 1큰술, 참기름 3큰술, 소금 1/2작은술, 생강즙 1큰술, 잣 1작은술, 계핏가루 1/2작은술, 식용유 4컵, 잣 1큰술, 꼬치 1개

반죽 양념 : 청주 1큰술, 꿀 4큰술, 소금 1/2작은술, 생강즙 1큰술, 계핏가루 1/2작은술

집청 : 물엿(또는 조청) 1컵, 물 2큰술, 생강즙 1/2큰술

만드는 법

1. 밀가루(2컵)에 소금(1/2작은술), 설탕(1큰술)을 넣고 체에 내려서 참기름(3큰술)을 넣고 잘 비벼 다시 체에 내린다.
2. ①의 체에 친 밀가루에 반죽 양념을 넣고 골고루 섞어 덩어리가 되도록 눌러서 반죽을 한다.
3. 도마에 밀가루를 뿌리고 ②의 반죽을 밀어서 반으로 겹쳐 다시 밀어 한 덩어리가 되도록 밀기를 3~5회 반복한다.
4. ③의 반죽은 두께 0.8cm, 사방 3.5cm로 썰어서 가운데를 꼬치로 5회 정도 찔러준다.
5. 기름은 한번 충분히 끓인 다음 불을 다시 약하게 하여 130~140℃ 정도에서 타지 않고 속까지 기름이 배어 갈색이 나도록 한다.
6. 물엿(또는 조청)에 물, 생강즙을 넣어 끓여 집청을 만든다.
7. ⑤를 꺼내어 기름이 빠지면 집청에 담갔다가 스며들면 건져낸다.
8. 잣은 반으로 쪼개어 ⑦의 위에 얹는다.

조리 Point

- 너무 높은 온도에서 튀기면 약과가 부풀지 않고 타고 너무 낮은 온도에서 튀기면 반죽이 부풀어 올라 터지므로 온도에 유의한다.
- 반죽을 밀고 겹치고 또 밀기를 반복하여 단면에 겹겹이 층이 나도록 한다.

34 무말이강회

추천시간 30분

재료 및 분량

무 150g, 당근 30g, 셀러리 30g, 불린 표고버섯 1장, 오이 1/2개, 팽이버섯 30g, 무순 10g

단촛물 : 물 1/2컵, 식초 3큰술, 설탕 3큰술, 소금 1작은술
오이·당근·표고버섯·셀러리 밑간 : 설탕·소금 약간

만드는 법

① 무는 씻어서 껍질을 벗기고 7×0.1cm 크기로 얇게 썰어서 단촛물에 절인다.
② 팽이버섯은 밑동을 자르고, 오이는 4cm 크기로 썰어 돌려깎기하여 4×0.1×0.1cm 크기로 곱게 채썬다.
③ 표고버섯은 가늘게 채썬다.
④ 당근, 셀러리도 오이와 같은 크기로 채썬다.
⑤ 무순을 깨끗이 씻어둔다.
⑥ 오이·당근·표고버섯·셀러리에 약하게 밑간을 한다.
⑦ ①의 무를 물기를 짠 다음 펼쳐놓고 ⑥을 가지런히 놓아 무순, 팽이버섯을 올려 원추형으로 말아서 접시에 돌려 담는다.

조리 Point

- 오이·당근·셀러리는 간을 빨리 하거나 간을 약하게 해야 숨이 죽지 않는다.
- 무를 원추형으로 말아서 이음새 부분이 위로 보이게끔 해서 담는다.
- 무를 아주 얇게 썰어서 단촛물에 담가야 원추형으로 말 때 잘 말린다.

35 무맑은국

추천시간 20분

재료 및 분량
무 100g, 소고기 50g, 대파 1대, 마늘 1개, 소금 1작은술, 국간장 1작은술, 물 3컵

소고기 양념 : 국간장 1작은술, 다진 파·다진마늘·참기름·후춧가루 약간

만드는 법
1. 무는 2.5×2.5×0.3cm 크기로 나박썰기를 한다.
2. 소고기는 나붓나붓 저며 썰어서 양념한다.
3. 대파는 송송 통으로 썰고 마늘은 다진다.
4. 냄비에서 소고기를 볶다가 익으면 3컵의 물과 무를 넣고 끓인다.
5. 거품을 걷어가면서 무가 투명해질 때까지 끓으면 대파와 마늘을 넣는다.
6. 소금과 국간장으로 간을 하여 그릇에 보기좋게 담아서 낸다.

조리 Point
무와 소고기를 통으로 넣어 끓이다가 익으면 건져내어 나박썰어 그릇에 담고 국물을 부어서 내면 색이 더 맑게 나오지만, 시험에서는 무와 고기를 나박썰기를 하여 끓여내 국물색이 더 탁해질 수 있으므로 최대한 맑게 끓여내는데 중점을 둔다.

36 미나리강회

추천시간 35분

재료 및 분량

소고기 80g, 미나리 30g, 홍고추 1개, 달걀 1개, 소금 1작은술, 식용유 1작은술, 이쑤시개 1개

초고추장: 고추장 1큰술, 설탕 1/2큰술, 식초 1/2큰술, 물 1큰술

만드는 법

1. 미나리는 줄기 부분만 정리하여 뜨거운 소금물에 넣고 살짝 데친 후 찬물에 헹구어 물기를 짠다.
2. 소고기는 끓는 물에 넣어 삶아 편육으로 하여 5×1.5×0.3cm 크기로 썬다.
3. 지단은 황·백으로 두껍게 부쳐 5×1.5×0.3cm 크기로 썬다.
4. 홍고추는 씨를 빼고 0.5×4cm 크기로 썬다.
5. 편육, 황·백지단, 홍고추를 순서대로 포개어 잡고 미나리로 돌려 감아 이쑤시개로 이음새 부분을 집어 넣어 마무리한다.
6. 초고추장을 종지에 담아낸다.

조리 Point

- 미나리 굵기가 굵으면 2~3갈래로 찢어서 사용한다.
- 미나리강회의 갯수(8개)에 유의하고 미나리가 풀어지지 않도록 한다.
- 황·백지단은 백지단, 황지단순으로 포개어 놓고 한꺼번에 잘라야 크기도 일정하고 시간도 절약할 수 있다.

37 미역자반

추천시간 **15분**

재료 및 분량
자반미역 20g, 설탕 1큰술, 식용유 2큰술, 깨소금 1작은술

만드는 법
① 자반미역은 깨끗하게 말린 연한 것으로 골라 행주로 닦아서 준비한다.
② 자반미역은 가위로 폭 1cm가 되게 짧게 끊는다.
③ 팬에 기름을 넉넉히 두르고 충분히 달군다.
④ 팬이 충분히 달구어지면 썬 미역을 넣어 재빨리 저으면서 고루 볶아낸다.
⑤ 파릇한 색으로 미역이 볶아지면 불에서 내리고 설탕과 깨소금을 넣어 고루 섞는다.

조리 Point
- 줄기 없이 잎만을 말린 자반용 미역을 기름에 볶은 마른찬이다.
- 볶은 미역이 뜨거울 때 설탕을 넣는다.

38 밀쌈

추천시간 **35분**

재료 및 분량

오이 1/3개, 당근 30g, 죽순 30g, 불린 표고버섯 2장, 소고기 30g, 소금 1큰술, 참기름 1작은술

소고기 · 표고버섯 양념: 간장 · 설탕 · 다진파 · 다진마늘 · 참기름 · 깨소금 · 후춧가루 약간
밀전병: 밀가루 1/2컵, 물 1/2컵, 소금 1작은술
겨자초간장: 발효겨자 1작은술, 식초 1큰술, 설탕 1큰술, 소금 1/3작은술, 간장 1/6작은술

만드는 법

1. 밀가루는 소금물로 묽게 개어 체에 걸러 밀전병 반죽을 한다.
2. 당근과 오이는 돌려깎기하고, 5×0.1×0.1cm 크기로 곱게 채썬 후 소금과 참기름으로 살짝 볶아내어 식힌다.
3. 죽순도 같은 크기로 채썬 후 소금과 참기름으로 양념하고 볶아내어 식힌다.
4. 소고기는 결대로 가늘게 채썰고, 불린 표고버섯은 곱게 채를 썰어 각각 양념을 하고 팬에 볶아내어 식힌다.
5. ①은 팬에서 20×8cm 크기로 넓고 얇게 부쳐 밀전병을 만든다.
6. ⑤에 ②, ③, ④를 가지런히 놓은 다음 지름 2cm 정도 되게 단단하게 만 후 4cm 길이로 썬다.
7. 겨자초간장을 곁들여 낸다.

조리 Point

- 밀쌈은 속 재료가 보일 정도로 얇게 부치고, 속이 비어 틈이 생기지 않도록 단단히 싼다.
- 밀쌈은 반죽 후 30여분 숙성을 시킨 다음에 부치면 탄력성과 끈기가 증가되어 맛도 훨씬 더 쫄깃하다.

39 버섯죽

추천시간 **30분**

재료 및 분량

불린 쌀 1컵, 불린 표고버섯 1장, 소고기 50g, 국간장·소금·참기름 약간

소고기·표고버섯 양념 : 간장 1작은술, 다진파·다진마늘·후춧가루 약간

만드는 법

1. 불린 쌀은 깨끗이 씻어 물기를 빼고 굵직하게 으깬다.
2. 소고기는 곱게 다지고 불린 표고버섯은 곱게 채를 썰어 각각 양념을 한다.
3. 냄비에 참기름을 두르고 소고기와 표고버섯을 볶다가 쌀을 넣어 볶아 투명해질 때까지 소량의 물을 부어 저어가면서 끓이다가 투명해지면 나머지 물을 붓고 끓여 한번 끓어오르면 불을 줄여 쌀알이 완전히 퍼질 때까지 약불에서 은근히 끓인다.
4. 죽 농도가 되면 국간장과 소금으로 간을 맞춰 그릇에 보기좋게 담아 버섯을 고명으로 얹어낸다.

조리 Point

- 죽이 나오면 가장 먼저 쌀의 양을 잰 다음 쌀 양의 6배의 물을 넣고 끓여낸다.
- 죽에는 깨와 설탕을 넣지 않는다.

40 병시

추천시간 30분

재료 및 분량

밀가루 1/2컵, 소고기(우둔살) 60g, 두부 20g, 숙주 50g, 불린 표고버섯 1장, 배추김치 50g, 달걀 1개, 석이버섯 1장, 실고추 약간, 소금 1작은술

육수 : 소고기(사태) 50g, 마늘 1개, 대파 1/4대, 통후추 + 국간장 · 소금 약간
만두소 양념 : 소금 · 다진파 · 다진마늘 · 참기름 · 깨소금 · 후춧가루 약간

만드는 법

1. 소고기 일부(사태)는 대파, 마늘, 통후추를 넣어 찬물에서부터 끓여서 면포에 걸러 국간장과 소금으로 간을 하고 편육은 얇게 저며 썰어 준비하고 소고기 일부는 곱게 다져서 준비한다. 밀가루는 소금물로 반죽하여 면포에 싸둔다.
2. 불린 표고버섯은 가늘게 채를 썰고, 배추김치는 송송 썰어 물기를 제거한다.
3. 두부는 으깨어 물기를 제거하고 숙주는 데친 다음 송송 썰어 물기를 제거한다.
4. 다진고기와 표고버섯, 배추김치, 두부, 숙주를 섞어 만두소 양념을 만든다.
5. 달걀은 황 · 백지단으로 각각 부쳐 3×0.1×0.1cm 크기로 곱게 채를 썰어 석이버섯과 실고추도 고명으로 준비한다.
6. 밀가루 반죽을 얇게 밀어 직경 7cm 크기로 밀어 만두소를 넣고 반달 모양으로 빚는다.
7. ①의 육수가 끓으면 만두를 넣어 익혀 그릇에 담고 편육, 황 · 백지단, 석이버섯, 실고추를 얹어서 낸다.

조리 Point

만두소 양념을 만들 때 소고기는 익히지 않은 날 상태로 다져서 소에 넣는다.

41 부추김치

추천시간 15분

재료 및 분량

부추 300g, 풋고추 1개, 홍고추 1개, 통깨 약간

양념 : 멸치액젓 3큰술, 고춧가루 3큰술
밀가루 풀 : 밀가루 1큰술, 물 5큰술

만드는 법

1. 부추는 다듬어 흐르는 물에 흔들어 씻어 담고 물기를 뺀다.
2. 풋고추 · 홍고추는 어슷하게 썰어서 씨를 뺀다.
3. 밀가루는 물과 섞어서 끓여 밀가루 풀을 만들어 식혀 둔다.
4. ③에 고춧가루를 넣고 멸치액젓을 넣어 섞는다.
5. 고추와 부추를 넣고 ④의 양념을 섞어 고루 묻도록 버무린다.
6. 마지막에 통깨를 넣고 살살 버무린 다음 그릇에 담아낸다.

조리 Point

되도록 빨리 만들어서 부추가 너무 숨이 죽지 않도록 한다.

42 북어구이

추천시간 **20분**

재료 및 분량

북어포 1마리

유장 : 참기름 1큰술, 간장 1작은술
고추장 양념 : 고추장 1큰술, 설탕 1/2큰술, 다진파 · 다진마늘 · 깨소금 · 후춧가루 약간

만드는 법

① 북어포를 지느러미, 검은 막 제거 후 머리를 자른다.
② ①을 물에 잠깐 불린 후 물기를 눌러 짠다.
③ 북어포의 뼈를 제거 후 6cm 길이로 토막을 내어 껍질부분에 #모양의 칼집을 넣는다.
④ ③에 유장을 바른 다음 애벌구이를 한다.
⑤ 고추장 양념을 만든다.
⑥ ⑤를 ④에 바른 다음 다시 타지 않게 구워서 그릇에 담아 낸다.

조리 Point

- 껍질쪽에 잔칼집을 넣어 북어의 형태가 흐트러지지 않도록 한다.
- 북어는 유장을 바르고 어느 정도 익힌 뒤 고추장 양념을 발라 구워야 타지 않고 색도 좋다.

43 사슬적

추천시간 25분

재료 및 분량

흰살 생선 300g, 소고기 100g, 두부 30g, 잣 1작은술, 밀가루 2작은술, 식용유 1작은술, 꼬치 2개, 소금 1작은술

생선살 양념: 간장 1큰술, 소금 1/4작은술, 다진파·다진마늘·다진생강 약간
소고기·두부 양념: 소금 1작은술, 다진파·다진마늘·참기름·깨소금·후춧가루 약간
초간장: 간장 1큰술, 식초 1/2큰술, 설탕 1/2큰술

만드는 법

1. 흰살 생선은 7×1×0.7cm 크기로 썰어서 소금을 뿌려두어 물기를 닦아 생선살 양념으로 무친다.
2. 소고기는 곱게 다지고 두부는 곱게 으깨어 물기를 짠 후 한데 합쳐서 소고기·두부 양념을 한다.
3. 흰살 생선을 꼬치에 끼우고 옆면에 밀가루를 묻힌 다음 양념한 소고기를 생선살 사이사이에 채워서 고르게 눌러 붙인다.
4. 팬에 식용유를 두르고 ❸을 고루 지져낸다.
5. ❹를 그릇에 담아 곱게 다진 잣가루를 뿌린 후 초간장을 곁들여 낸다.

조리 Point

- 사슬적은 사슬모양으로 꿰었다고 해서 붙여진 이름이다.
- 소고기는 수축되어 크기가 작아지므로 생선살보다 1cm 정도 더 길게 하여야 한다.

44 삼계탕

추천시간 45분

재료 및 분량

영계(600g) 1마리, 찹쌀 3큰술, 은행 2알, 수삼 2뿌리, 마늘 3개, 대추 3개, 밤 2개, 대파 1대, 생강 1개, 통후추 5알, 식용유 1작은술, 소금 1작은술, 후춧가루 약간

닭국물 양념 : 소금 · 흰후춧가루 약간

만드는 법

1. 영계는 뱃속 뼈에 붙어있는 혈관까지 말끔히 긁어낸 다음 씻은 후 다리 안쪽에 칼집을 넣는다.
2. 찹쌀은 씻어 30여분 불린다.
3. 은행은 팬에 식용유를 두르고 소금을 넣어 파랗게 볶아 껍질을 벗겨 놓는다.
4. 대추, 마늘, 수삼은 씻어놓고, 밤은 껍질을 벗겨 물에 담가 둔다.
5. 닭의 뱃속에 불린 찹쌀과 밤 1개, 마늘 3개, 대추 2개, 수삼을 넣어 빠져나오지 않도록 칼집사이로 다리가 서로 엇갈리도록 끼운다.
6. 냄비에 닭을 넣고 물을 부어 대파, 생강, 통후추, 수삼, 대추 1개, 밤 1개를 넣고 푹 무르도록 삶는다.
7. 닭이 익으면 건져내고 국물은 면포에 걸러 소금, 후춧가루를 넣어 간을 맞춘다.
8. 그릇에 닭과 수삼, 대추, 은행, 밤을 담고 육수를 뜨겁게 데워 부어서 낸다.

조리 Point

닭의 겉껍질이 벗겨지면 속이 다 익은 상태이므로 약불로 줄여 푹 무르게 삶아낸다.

45 삼색경단

추천시간 **20분**

재료 및 분량

찹쌀가루 2컵, 꿀 약간, 잣 1큰술, 소금 1작은술

고물: 카스테라 고물 2큰술, 팥계피 고물 2큰술, 참깨 고물 2큰술

만드는 법

① 찹쌀가루는 체에 내려 소금물로 익반죽한 다음 젖은 면포로 씌워 둔다.
② ①을 지름이 2cm 정도 되게 떼어서 잣 1알씩을 넣고 동그랗게 빚는다.
③ 끓는 물에 ②의 찹쌀경단을 넣어 떠오르면 건져내 찬물에 담가 식힌다.
④ 물기를 뺀 다음 꿀에 담근다.
⑤ 카스테라 고물, 팥계피 고물, 참깨 고물을 묻혀 그릇에 담는다.

조리 Point

경단 모양은 균일하게 만들고, 각 고물들이 섞이지 않게 잘 담아낸다.

46 삼색매작과

추천시간 30분

재료 및 분량

밀가루 1½컵, 생강 20g, 잣 1큰술, 치자 1개, 백년초가루 5g, 녹차가루 5g, 소금 1작은술, 식용유 2컵

설탕시럽 : 설탕 1/2컵, 물 1/2컵

만드는 법

1. 밀가루에 소금을 넣고 고운 체에 친다.
2. 생강은 껍질을 벗기고 곱게 다지고, 치자는 토막을 내어 물에 우려낸다.
3. 밀가루는 다진생강을 넣고 3등분하여 백년초가루, 녹차가루, 치자물을 넣어 각각 반죽을 한 후 젖은 면포에 싸서 잠시 둔다.
4. 설탕시럽은 설탕과 물을 동량으로 넣고 중간불에 올려서 젓지 말고 끓여 반 정도가 되게 조린다.
5. 반죽한 밀가루를 0.3cm 두께로 밀어 5×2cm 크기로 잘라 내천(川)자 모양으로 3번 칼집을 넣어 가운데 칼집사이로 한끝을 넣어 뒤집어서 매작과 모양을 만든다.
6. 잣은 고깔을 떼고 종이 속에 넣어 밀대로 밀고 다시 칼날로 곱게 다진다.
7. 150℃의 튀김온도에서 옅은 갈색이 나도록 튀긴 후 건져서 기름이 빠지면 설탕시럽에 담갔다가 건진다.
8. 매작과를 그릇에 담고 잣가루를 뿌려낸다.

조리 Point 반죽을 얇게 만들어야 매작과가 바삭하다.

47 삼색밀쌈

추천시간 30분

재료 및 분량

오이 1/2개, 당근 1/2개, 불린 표고버섯 2장, 소고기 60g, 달걀 1개, 소금 1작은술, 참기름 2작은술, 식용유 2작은술

소고기·표고버섯 양념 : 간장·설탕·다진파·다진마늘·참기름·깨소금·후춧가루 약간
삼색 밀전병 : • 흰색 – 밀가루 1/2컵, 물 1/2컵, 소금 1/2작은술 • 주황색 – 밀가루 1/2컵, 당근즙 1/2컵, 소금 1/2작은술 • 녹색 – 밀가루 1/2컵, 오이즙 1/2컵, 소금 1/2작은술
초간장 : 간장 1큰술, 식초 1/2큰술, 설탕 1작은술

만드는 법

1. 당근과 오이는 즙을 내 소금을 넣고, 3등분한 밀가루와 같이 반죽을 하여 체에 내린다.
2. 당근, 오이는 돌려깎기하고 5×0.1×0.1cm 크기로 곱게 채썰고, 소금과 참기름으로 양념하고 볶아내어 식히고, 달걀은 황·백 지단을 부쳐서 당근, 오이와 동일하게 곱게 채 썬다.
3. 소고기는 결대로 가늘게 채썰고 불린 표고버섯은 곱게 채를 썰어 각각 양념을 하고 팬에 볶아내어 식힌다.
4. 삼색 밀가루 반죽은 팬에서 지름 20×8cm로 넓고 얇게 부친다.
5. 삼색 밀전병에 각각 ❷, ❸을 가지런히 놓은 다음 가장자리에 밀가루(물 : 밀가루 = 1 : 1)풀을 발라 지름 2cm 정도 되게 단단하게 말아서 4cm 길이로 썰어 요구사항 갯수와 초간장을 함께 제출한다.

조리 Point

- 밀쌈은 반죽 후 30여분 숙성을 시킨 다음에 부치면 탄력성과 끈기가 증가되어 쫄깃하다.
- 밀쌈은 속 재료가 보일 정도로 얇게 부치고 속이 비어 틈이 생기지 않도록 단단히 싼다.

48 삼색북어보푸라기

추천시간 20분

재료 및 분량

북어포 1마리

공통 양념 : 참기름 1큰술, 깨소금 1작은술, 설탕 1작은술
삼색 양념 :
- 붉은색 – 고춧가루 1작은술, 소금 1/3작은술
- 흰색 – 소금 1/3작은술
- 검은색 – 간장 1작은술

만드는 법

① 북어포는 머리, 지느러미, 검은 막을 제거하고 뼈와 가시를 발라낸다.
② ①의 부분을 강판에 갈아서 보푸라기를 만든다.
③ 보푸라기에 설탕, 깨소금, 참기름으로 공통 양념간을 한다.
④ ③의 보푸라기를 3등분한다.
⑤ 3등분한 보푸라기에 각각의 삼색 양념을 무친다.
⑥ 그릇에 보기좋게 담아낸다.

조리 Point

- 북어보푸라기는 강판이나 숟가락으로 긁으면 된다.
- 북어를 3등분할 때 간장 양념에 무칠 북어는 줄어들 양을 감안하여 좀 더 많은 양을 등분한다.
- 고춧가루는 뭉치지 않게 비벼가며 무친다.

49 삼합장과

추천시간 30분

재료 및 분량

생전복 1개, 소고기(우둔살) 50g, 불린 해삼 1개, 생홍합 50g, 잣 1/2작은술, 흰파 1/2대, 마늘 2개, 생강 1개, 소금 1큰술, 참기름 1큰술

소고기 양념 : 간장 1½작은술, 설탕 1작은술, 다진파 · 다진마늘 · 다진생강 · 참기름 · 후춧가루 약간
조림 양념장 : 간장 2큰술, 설탕 1큰술, 물 2큰술, 후춧가루 약간

만드는 법

1. 생홍합은 잔털을 없애고 소금물에 흔들어 씻은 다음 끓는 물에 삶아낸다.
2. 생전복은 껍질째 솔로 깨끗이 씻고 굵은 소금으로 문질러 씻어 검은 막을 없애고 찜통에 살짝 쪄서 내장을 제거하고 얇게 저민다.
3. 불린 해삼은 3×2cm 크기로 썰어 놓는다.
4. 소고기는 납작하게 저며 썰어서 고기 양념한다.
5. 흰파는 3cm 길이로 토막 썰고 마늘과 생강은 편으로 썬다.
6. 잣은 다진다.
7. 냄비에 조림 양념장을 넣고 끓어오르면 양념한 소고기를 넣어 조린다.
8. 소고기가 익으면 홍합, 전복, 해삼을 넣어 간이 배도록 뒤섞으면서 파, 마늘, 생강을 넣어 서서히 조린다.
9. 국물이 거의 졸아들면 참기름을 넣어 섞고 그릇에 담아 잣가루를 뿌려낸다.

조리 Point

전복, 해삼, 홍합의 세 가지 조개류를 소고기와 함께 달게 조린 호화스러운 장과이다.

50 새우겨자채

추천시간 30분

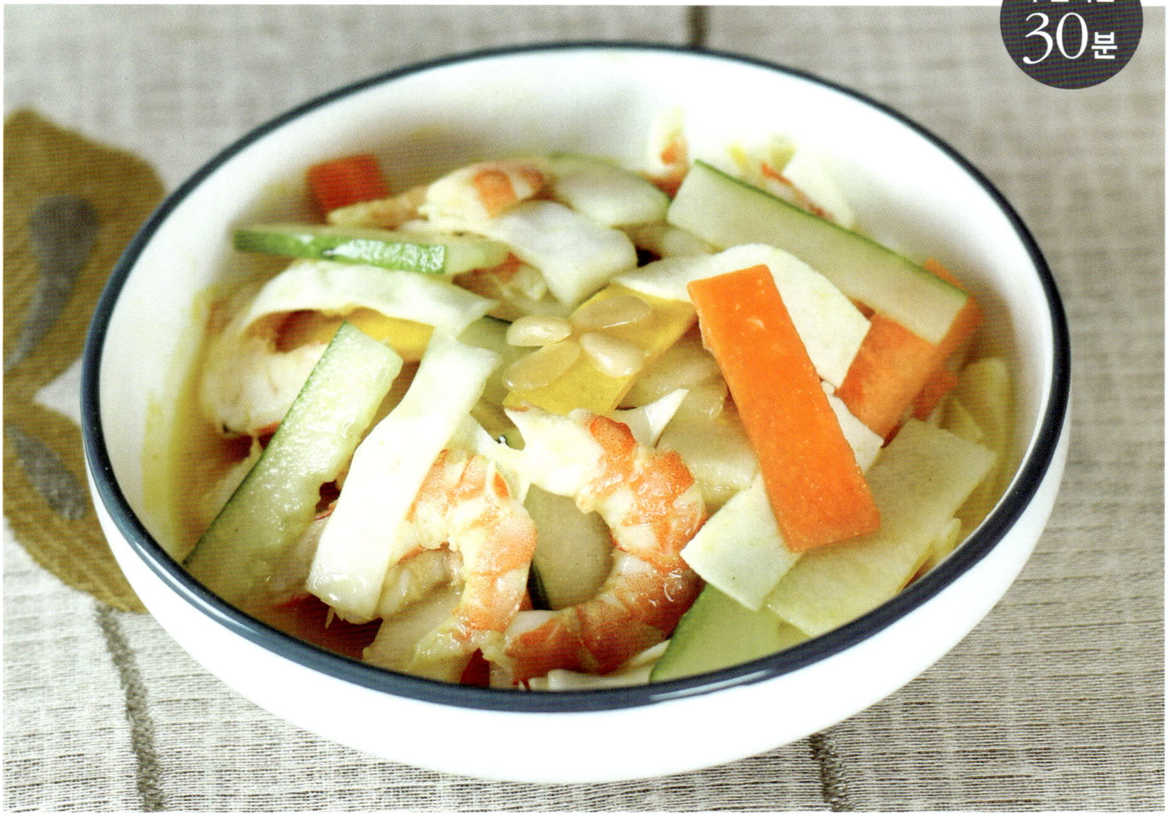

재료 및 분량

새우 100g, 오이 1/2개, 당근 30g, 배 1/4쪽, 밤 2개, 달걀 1개

겨자즙 : 숙성된 겨자 1큰술, 식초 3큰술, 설탕 3큰술, 간장 1/6작은술, 소금 1/4작은술

만드는 법

1. 겨자는 따뜻한 물과 동량으로 개어 매운맛이 나도록 숙성시킨다.
2. 오이와 당근은 깨끗이 씻어서 4×1×0.3cm 크기로 썬다.
3. 새우는 등쪽의 내장을 제거하고 끓는 물에 껍질째 익혀 껍질을 벗기고 편으로 썬다.
4. 달걀은 황 · 백으로 나누어 지단을 부쳐 4×1×0.3cm 크기로 자른다.
5. 밤은 껍질을 벗겨 편썰고, 배는 오이 크기로 자른다.
6. 겨자즙을 만들어 놓는다.
7. 새우와 나머지 재료를 넣고 겨자즙을 넣어 버무려 그릇에 담아낸다.

조리 Point

마지막에 겨자즙을 넣어 버무려 낸다.

51 새우전

추천시간 20분

재료 및 분량

새우 6마리, 달걀 1개, 밀가루 2작은술, 식용유 1작은술, 소금 1작은술, 흰후춧가루 2g, 꼬치 1개

만드는법

1. 새우는 씻어낸 후 머리를 떼고 등쪽의 내장을 꼬치로 제거한다.
2. 1의 새우를 꼬리쪽의 마지막 한마디와 꼬리를 남기고 나머지 껍질을 벗긴다.
3. 새우는 배쪽에 길이로 칼집을 넣어 한 장으로 펴서 오그라들지 않게 잔칼집을 넣는다.
4. 3은 물기를 닦고 소금과 흰후춧가루를 뿌려 둔다.
5. 4의 새우에 밀가루를 묻히고 달걀물을 씌워 팬에 식용유를 두르고 지져낸다.

조리 Point

- 새우에 잔칼집을 넣어 구부려지지 않도록 한다.
- 새우의 꼬리쪽은 밀가루가 묻지 않도록 한다.

52 생선전

추천시간 25분

재료 및 분량
동태 1마리, 밀가루 30g, 달걀 1개, 소금 2작은술, 흰후춧가루 2g, 식용유 3큰술

만드는 법
1. 동태를 손질하여 3장 뜨기를 한다.
2. 동태꼬리쪽을 왼쪽으로 놓고 칼을 넣어 조금 떠서 벗겨진 껍질을 왼손으로 잡고, 오른손으로 든 칼을 도마와 수평이 되게 밀면서 껍질을 벗겨낸다.
3. 꼬리쪽부터 5.5 × 4.5 × 0.3cm 크기로 어슷하게 포를 뜬 후 소금, 흰후춧가루를 뿌리고 물기를 제거한다.
4. ❸에 밀가루를 고루 묻히고 달걀물에 담갔다가 기름을 두른 팬에 노릇하게 지져낸다.
5. 8장의 생선전을 그릇에 담아낸다.

조리 Point
- 생선은 익었을 때 수축되므로 더 크게 재단을 해야 줄어든 크기를 감안할 수 있다.
- 생선살은 물기를 제거한 후에 밀가루를 묻혀야 지져낸 후에도 밀가루 옷이 잘 벗겨지지 않는다.

53 석류탕

추천시간 35분

재료 및 분량

밀가루 1/2컵, 소고기 60g, 닭살 50g, 숙주 50g, 무 50g, 미나리 30g, 불린 표고버섯 1장, 두부 30g, 달걀 1개, 잣 1작은술

육수 : 소고기(사태) 30g, 대파 1/3대, 마늘 1개 + 국간장 · 소금 약간

만두소 양념 : 소금 · 다진파 · 다진마늘 · 참기름 · 깨소금 · 후춧가루 약간

만드는 법

1. 밀가루는 소금물로 반죽하여 젖은 면포에 30분 정도 싸둔다.
2. 육수용 소고기는 씻어 찬물에 마늘, 대파를 넣고 푹 끓여서 걸러 국간장과 소금으로 간을 하고 편육은 얇게 저민다.
3. 소고기와 닭살은 곱게 다지고, 불린 표고버섯은 곱게 채썬다.
4. 무는 채썰어 끓는 물에 데치고, 미나리, 숙주는 데쳐서 송송 썰고 각각 물기를 제거한다.
5. 두부는 으깨어 물기를 제거한다.
6. 준비한 소고기, 닭살, 표고버섯, 무, 미나리, 숙주, 두부는 섞어서 만두소 양념을 만든다.
7. 밀가루는 반죽하여 직경 7cm 정도로 얇게 밀어 소를 조금씩 넣고 잣을 하나씩 올린 다음 양손으로 가운데를 모아 주머니 모양으로 빚는다.
8. 달걀지단은 마름모꼴로 썬다.
9. ②의 육수를 끓이다가 ⑦의 만두를 넣어 익혀 대접에 담고 지단을 띄워낸다.

조리 Point
소고기와 닭살은 익히지 않은 날것 상태로 다져서 소양념한다.

54 섭산삼

추천시간 **20분**

재료 및 분량

더덕 100g, 찹쌀가루 1/2컵, 꿀 1큰술, 식용유 3컵, A4 용지 1장

소금물 : 물 1컵, 소금 1작은술
초간장 : 간장 1큰술, 설탕 1큰술, 식초 1큰술

만드는 법

① 더덕은 흐르는 물에 껍질을 벗기고 반 갈라 소금물에 담가 쓴맛을 뺀 다음 물기를 제거한다.
② 더덕을 방망이로 자근자근 두들겨 펴서 준비한다.
③ 찹쌀가루는 체에 내려 준비한 후 ②의 더덕에 골고루 묻힌다.
④ 튀김온도 160℃의 식용유에 하얗고 바삭하게 튀긴 후 종이 위에 건져 기름을 뺀다.
⑤ 튀겨낸 더덕을 그릇에 담고 초간장이나 꿀을 곁들인다.

조리 Point

- 더덕껍질은 흐르는 물에 씻어가면서 벗기면 깨끗하게 벗겨진다.
- 물에 담가두어서 더덕진을 흘려보내야 더 하얗고 바삭하게 튀겨진다.

55 소갈비구이

추천시간 35분

재료 및 분량

소갈비 400g, 잣 1큰술

양념장 : 간장 3큰술, 설탕 2큰술, 배즙 1큰술, 양파즙 1큰술, 다진파 · 다진마늘 · 참기름 · 깨소금 · 후춧가루 약간

만드는법

1. 갈비는 기름기를 제거하고 물에 담가 핏물을 뺀다.
2. 갈비뼈의 한쪽 면은 살이 붙어있도록 0.5cm 두께로 저며서 편 다음 앞, 뒤로 0.5cm 간격으로 대각선 칼집을 깊숙이 넣는다.
3. 양념장을 만든다.
4. ❷의 갈비는 양념에 적셔 고르게 무쳐 재워 놓는다.
5. 잣은 곱게 다져 놓는다.
6. 석쇠를 뜨겁게 한 다음 갈비를 놓고 한 면이 거의 익었을 때 뒤집어 굽는다.
7. 한입 크기로 갈비를 썰고 접시에 담아 잣가루를 뿌린다.

조리 Point
타지 않게 불 조절에 유의하면서 양념장을 덧발라가며 윤기있게 구워낸다.

56 소고기편채

추천시간 **30분**

재료 및 분량

소고기 200g, 오이 50g, 당근 50g, 깻잎 5장, 양파 50g, 찹쌀가루 1/2컵, 팽이버섯 30g, 무순 30g, 식용유 1큰술

소고기 밑간 : 맛술 1큰술, 소금 1작은술, 마늘즙 1작은술, 후춧가루 약간
겨자장 : 숙성된 겨자 1큰술, 식초 3큰술, 설탕 3큰술, 소금 1/2작은술, 간장 약간

만드는 법

1. 소고기는 7×7×0.1cm 크기로 얇게 포를 떠서 밑간을 한다.
2. 찹쌀가루는 체에 내려 ①의 소고기에 고루 묻혀 찹쌀가루가 흡수될 때까지 잠시 둔다.
3. 오이는 5cm 길이로 돌려깎아 5×0.2×0.2cm 크기로 채를 썬다.
4. 양파는 가늘게 채를 썰어 찬물에 담가서 매운맛을 제거한다.
5. 겨자는 숙성시켜 겨자장을 만든다.
6. 당근, 깻잎도 오이와 같은 크기로 썰고 무순은 씻어 놓는다.
7. 팽이버섯은 밑동을 자르고 5cm 길이로 잘라 놓는다.
8. 팬에 식용유를 두르고 ②의 고기를 지져내어 식힌다.
9. 지져낸 고기에 준비한 오이, 양파, 당근, 깻잎, 무순, 팽이버섯을 넣고 돌돌 만다.
10. 접시에 모양있게 담아내고 겨자장을 곁들인다.

조리 Point

- 소고기에 찹쌀가루를 너무 많이 묻히면 익었을 때 고기와 익은 찹쌀이 분리되어 버리므로 약간만 묻히도록 한다.
- 소고기를 얇게 포를 떠야 야채를 넣고 감을 때 잘 말린다.

57 승기악탕

추천시간 **55분**

재료 및 분량

도미 1마리, 소고기 100g, 표고버섯 2장, 흰떡 100g, 숙주 50g, 쪽파 2뿌리, 홍고추 1개, 풋고추 1개, 석이버섯 3장, 쑥갓 20g, 달걀 2개, 은행 7개, 호두 4개, 소금·참기름·식용유 1큰술

육수 : 소고기(양지머리) 100g, 대파 1/2대, 마늘 2개 + 국간장 1작은술, 소금 1/2작은술
유장 : 참기름 2큰술, 간장 1큰술
소고기 육회 양념 : 소금·설탕·다진파·다진마늘·참기름·깨소금·후춧가루 약간

만드는 법

1. 소고기(양지머리)는 물에 담가 핏물을 제거한 후, 찬물에 끓이다가 대파, 마늘을 넣고 육수를 만들어 소금과 국간장으로 간을 한다. 도미는 비늘을 긁고 내장을 제거한 다음 1cm 간격으로 칼집을 넣어 유장을 발라 석쇠에서 구워낸다.
2. 소고기는 4×1cm 크기로 얇게 저며서 육회 양념한다.
3. 표고버섯은 4×1.5cm 크기로 썰고, 석이버섯은 채썰어 소금, 참기름을 넣어 살짝 볶는다.
4. 풋고추·홍고추는 4×0.3cm 크기로 채썰어 팬에 소금을 넣고 살짝 볶는다.
5. 달걀은 황·백지단으로 부쳐 일부는 채썰고 일부는 4×1.5cm 크기로 썬다.
6. 쪽파는 4cm 길이로 자른다.
7. 은행은 소금을 넣어 기름에 볶아 껍질을 벗기고, 호두는 미지근한 물에 담가 겉껍질을 벗긴다. 숙주는 머리를 떼어 준비한다.
8. 냄비에 도미를 담고 그 위에 준비한 채소와 고기, 떡, 달걀지단을 색을 맞추어 돌려 담는다.
9. ❽에 간을 한 육수를 부어 끓이면서 한쪽에 쑥갓을 넣어 낸다.

조리 Point
전체 색감을 고려하여 아름답게 담아낸다.

58 신선로

추천시간 **60분**

재료 및 분량

소고기(우둔살) 200g, 무 200g, 죽순·미나리 50g, 당근 1/2개, 달걀 2개, 석이버섯 10g, 불린 표고버섯 3장, 흰살 생선·천엽 100g, 두부 10g, 홍고추 1개, 양파 1/2개, 호두 2개, 은행(깐 것) 7개, 밀가루·식용유 1큰술, 잣·소금·참기름 1작은술, 후춧가루 약간

육수 : 소고기(사태) 150g, 대파 1/2대, 통마늘 2개 + 국간장 1작은술, 소금 1/2작은술, 후춧가루 약간
장국고기·완자 양념 : 소금·다진파·다진마늘·참기름·후춧가루 약간
육회 양념 : 소금·설탕·다진파·다진마늘·참기름·후춧가루 약간

만드는 법

❶ 소고기(사태)는 덩어리째 찬물에 씻어 물, 무, 당근, 대파, 통마늘을 넣고 삶아 무, 당근이 거의 익으면 꺼내어 신선로 크기에 맞게 썬다. 고기는 건져 내고 체에 받친 후 무와 같은 크기로 썰어 장국고기 양념을 한다. 육수는 국간장, 소금, 후춧가루로 간을 한다.
❷ 소고기(우둔살) 일부는 다져 물기를 짠 두부를 으깨어 합한 다음 완자 양념을 하여 은행 알만하게 완자를 만들고 나머지는 곱게 채썰어 육회 양념을 한다. 미나리는 초대를 부쳐서 불린 표고버섯, 홍고추와 6×2×0.3cm로 자른다.
❸ 황·백지단을 부치고 석이버섯은 다져서 흰자와 섞어 석이지단을 부친다. 흰살 생선은 소금과 후춧가루로 밑간을 한 다음 밀가루와 달걀물을 입혀 지지고, 죽순은 씻어서 석회질을 제거한 다음 빗살무늬를 살려 썬다.
❹ 호두는 불려서 속껍질을 벗겨 놓고 은행은 볶아서 속껍질을 벗긴다.
❺ 잣은 고깔을 떼어 준비하고, 양파는 굵직하게 채썰어 소금과 참기름으로 간을 한다.
❻ 천엽은 검은 막을 긁어내고 소금과 후춧가루로 밑간을 하고 밀가루와 달걀물을 입혀 전을 지진다.
❼ 각색 재료를 신선로 크기(6×2×0.3cm)에 맞게 썬 다음 ❷의 육회를 밑바닥에 먼저 깔고 그 위에 ❶의 장국고기, 무를 얹고 또 그 위에 각색의 재료를 색을 맞추어 돌려 담고 그 위에 호두, 은행, 잣, 고기완자로 장식한다.
❽ ❼에 뜨거운 육수를 붓고 뚜껑을 덮은 다음, 화통 속에 숯불을 넣어 상에 올린다.

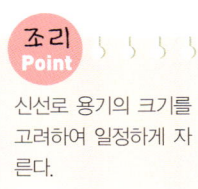

조리 Point
신선로 용기의 크기를 고려하여 일정하게 자른다.

59 아욱된장국

추천시간 20분

재료 및 분량

아욱 200g, 마른새우 10g, 멸치 30g

국물: 된장 2큰술, 다진파 1작은술, 다진마늘 1/2작은술, 소금·국간장 약간

만드는법

① 아욱은 줄기와 껍질을 벗긴 후 손으로 주물러 깨끗이 씻는다.
② 멸치는 머리와 내장을 제거하고 마른새우와 함께 찬물에서 은근하게 끓여 체에 거른다.
③ 육수에 된장을 체에 받쳐 푼 후 아욱을 넣어 부드러워질 때까지 푹 끓인 다음 다진파, 다진마늘을 넣고 간을 하여 완성하여 담아낸다.

조리 Point

- 아욱은 적당한 크기로 잘라서 준비한다.
- 간이 부족할 때에는 소금이나 국간장으로 간을 더 하여 담아서 낸다.

60 양동구리

추천시간 20분

재료 및 분량

소양 300g, 달걀 1개, 소금 1큰술, 녹두녹말가루 3큰술, 식용유 2큰술

소양 양념 : 소금 · 다진파 · 다진마늘 · 참기름 · 흰후춧가루 약간
초간장 : 간장 1큰술, 설탕 1/2큰술, 식초 1/2큰술, 생강즙 1/8작은술, 잣가루 약간

만드는 법

1. 소양은 소금으로 문질러 씻어서 안쪽에 붙어있는 기름덩어리와 막을 벗겨 낸다.
2. 끓는 물에 소양을 살짝 넣었다가 건져내서 검은 막을 긁어내고 곱게 다진다.
3. ❷의 다진 소양에 양념을 한 후 녹두녹말가루와 달걀을 넣어 반죽한다.
4. 열이 오른 팬에 식용유를 두르고 ❸의 반죽한 소양을 한숟가락씩 지름 4cm 크기로 동그랗게 부친다.
5. 초간장을 곁들여 낸다.

조리 Point

- 양동구리란 익히지 않은 소양을 곱게 다진 뒤 녹두녹말가루와 달걀을 섞어서 지진 전을 말한다.
- 소양은 검은 막을 깨끗이 벗겨내야 지졌을 때 색깔이 곱다.

61 양지머리편육

추천시간 30분

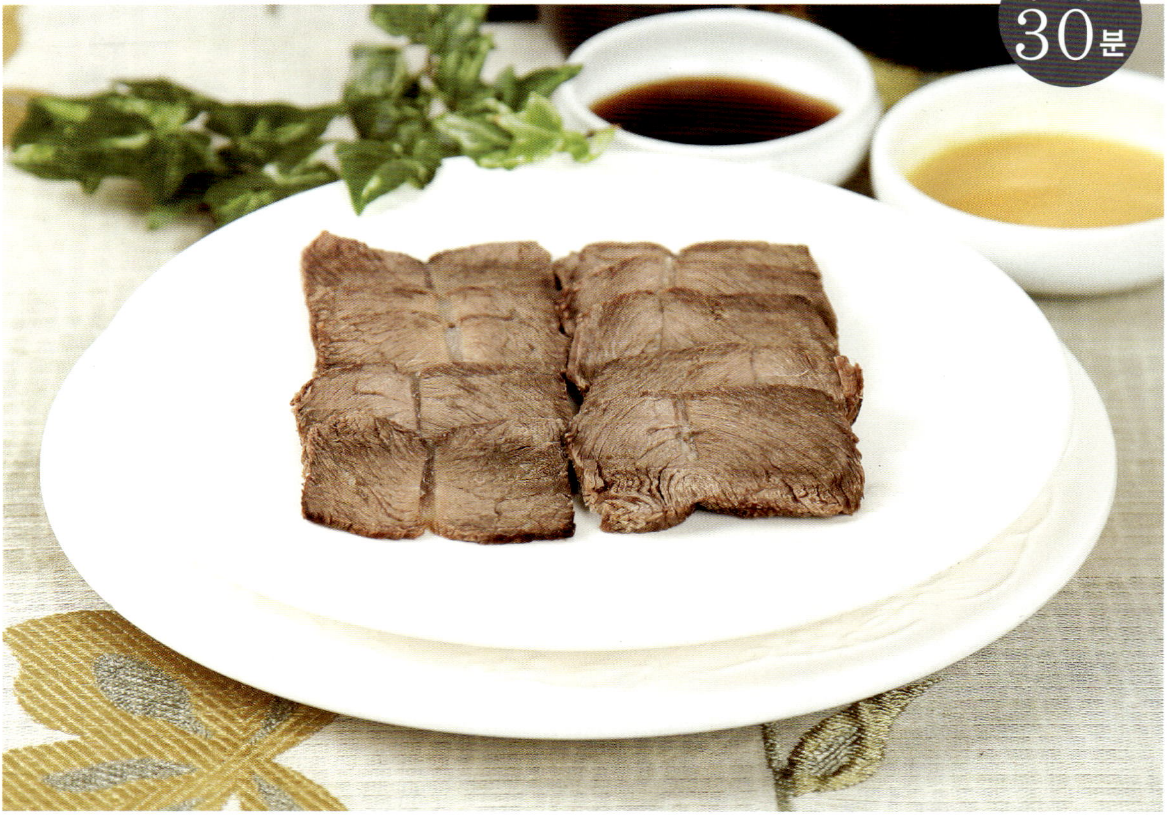

재료 및 분량

양지머리 500g, 마늘 3개, 대파 1대, 소금 1작은술

초간장 : 간장 1큰술, 식초 1큰술, 설탕 1/2큰술

만드는 법

1. 양지머리는 찬물에 담가서 핏물을 뺀 다음 끓는 물에 넣어 삶는다.
2. 대파는 크게 썰고 마늘은 굵게 저며 국물이 다시 끓어 오르면 넣어서 고기가 푹 무르도록 삶는다.
3. 고기가 무르게 익으면 소금을 넣어 잠시 더 끓여 건져서 젖은 면포에 싼 다음 편편한 무거운 것으로 눌러 반듯하게 모양을 잡는다.
4. 눌러놓은 고기는 가장자리를 다듬어내고 고기 반대 결로 5×3×0.3cm 크기로 얇게 저며 흐트러지지 않게 담는다.
5. 초간장을 곁들여 낸다.

조리 Point

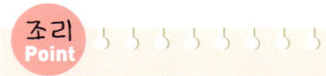

겨자장을 곁들여 내기도 하고 시험장에 잣이 나올 경우에는 다져서 초간장에 올려 낸다.

62 어만두

추천시간 **35분**

재료 및 분량

흰살생선 300g, 소고기(우둔살) 50g, 불린 표고버섯 2장, 숙주 100g, 불린 목이버섯 3장, 오이 1/2개, 생강즙 1큰술, 소금 1큰술, 흰후춧가루 1/5작은술, 참기름 1작은술, 녹말가루 2큰술

소고기·목이버섯·표고버섯 양념 : 간장 1작은술, 설탕 1/2작은술, 다진파·다진마늘·깨소금·참기름·흰후춧가루 약간
만두소 양념 : 소금·다진파·다진마늘·참기름·깨소금 약간
초간장 : 간장 1큰술, 식초 1큰술, 설탕 1/2큰술

만드는 법

1. 흰살 생선살은 8×5×0.4cm 정도로 포를 떠서 소금, 흰후춧가루, 생강즙을 넣어 간한다.
2. 숙주는 머리와 꼬리를 떼고 끓는 소금물에 데친 후 송송 썰어 물기를 짠 뒤 소금과 참기름으로 간을 하고, 오이는 돌려깎기하여 채를 썰고 소금과 참기름으로 간을 한 후 팬에서 볶아내어 식힌다.
3. 소고기는 곱게 다져서 양념한 후 팬에서 볶고, 불린 표고버섯과 불린 목이버섯은 채를 썰어 양념을 한 다음 볶아서 식힌다.
4. 숙주, 오이, 소고기, 표고버섯, 목이버섯의 재료를 섞어 만두소 양념을 한다.
5. 생선살 위에 녹말가루를 묻힌 후 ④의 재료로 만든 소를 넣고 둥글게 말아 싼다.
6. ⑤를 젖은 면포를 깐 찜통에 넣어 생선이 투명해지도록 10분간 찐다.
7. 어만두를 접시에 5개 이상 담고 초간장을 곁들인다.

조리 Point
생선살에 녹말가루가 흡수되도록 두었다가 소를 넣고 찌면 생선살이 덜 부스러진다.

63 어선

재료 및 분량

동태 1마리, 달걀 1개, 당근 50g, 불린 표고버섯 2장, 오이 1/3개, 생강즙 1작은술, 소금 1큰술, 녹말가루 약간, 참기름 1작은술, 식용유 1큰술, 흰후춧가루 1/5작은술

표고버섯 양념 : 간장·설탕·참기름 약간

추천시간 30분

만드는 법

1. 동태는 비늘, 머리, 내장, 지느러미를 제거하고 3장 뜨기를 하여 껍질을 벗긴 후 최대한 얇고 넓게 포를 떠 소금과 흰후춧가루, 생강즙으로 밑간한다.
2. 오이는 돌려깎은 뒤 채썰고 당근도 채를 썰어 소금과 참기름으로 각각 밑간을 하고, 불린 표고버섯도 포를 떠 채썰고 밑간한다.
3. 달걀은 황·백으로 지단을 부치고, 오이 → 당근 → 표고버섯 순으로 살짝 볶아내어 식힌다.
4. 도마 위에 김발 → 젖은 면포 → 생선살 순으로 놓고 생선살은 약간 서로 겹쳐서 녹말가루를 뿌려 15×10cm 크기로 생선살을 깐 후, 볶은 재료를 가운데에 얹어서 지름 3cm 정도로 둥글게 말아 김이 오른 찜통에 15분 정도 찐다.
5. 김발을 풀고 식힌 후 2cm 두께로 6개를 잘라 완성 그릇에 담아 제출한다.

조리 Point

- 생선살이 터지지 않도록 하고 썰 때 칼날을 달구어 썰면 매끄럽게 잘 썰 수 있다.
- 생선살 속의 내용물은 서로 섞이지 않게 구분지어서 놓고 양 또한 균일하게 넣어야 잘랐을 때 색감이 예쁘다.
- 생선살의 중간 정도에 내용물을 놓고 말아 내용물이 중앙에 올 수 있도록 한다.

64 어채

추천시간 25분

재료 및 분량

흰살 생선 200g, 홍고추 1개, 오이 1/2개, 표고버섯 2장, 석이버섯 2장, 달걀 1개, 녹말가루 1/3컵

흰살 생선 밑간 : 생강즙 1작은술, 청주 1큰술, 소금 1/2작은술, 흰후춧가루 1/8작은술
초고추장 : 고추장 2큰술, 간장 1/2큰술, 식초 1/2큰술, 설탕 1/2큰술, 마늘즙 1작은술, 생강즙 1/2작은술 + 잣가루 1작은술

만드는 법

1. 흰살 생선은 손질하여 6×2.5×0.7cm 크기로 포를 떠서 생선 밑간을 한다.
2. 홍고추, 오이, 표고버섯은 손질하여 4×2cm 크기로 썰고, 석이버섯은 뒷면의 이끼를 제거하고 4×2cm 크기로 썬다.
3. ①~②의 재료에 녹말가루를 묻혀 수분이 흡수될 때까지 두고 달걀은 황·백 지단으로 나누어 도톰하게 부쳐서 4×2cm 크기로 썬다.
4. 끓는 물에 ③의 홍고추, 오이, 표고버섯, 석이버섯을 먼저 데쳐 내고 찬물에 헹구어 내고 ③의 생선도 마찬가지로 데쳐 찬물에 헹구어 낸다.
5. 접시에 채소와 어채를 색을 맞춰 돌려 담는다.
6. 초고추장을 만들어 잣가루를 뿌려서 곁들인다.

조리 Point

- 석이버섯은 따뜻한 물에 불려 소금에 비벼 씻으면 이끼를 제거할 수 있다.
- 전분을 묻힌 후 수분을 충분히 흡수한 후에 데쳐야 전분 옷이 벗겨지지 않는다.
- 생선은 2회, 채소는 2~3회 정도 반복해서 데친 후 찬물에 헹군다.

65 연근정과

추천시간 30분

재료 및 분량
연근 200g, 식초 1작은술, 조청(또는 꿀) 4큰술, 소금 1/2작은술

설탕물 : 설탕 1/2컵, 물 1/2컵

만드는 법
1. 연근은 껍질을 벗기고 0.5cm 두께로 썬다.
2. 끓는 물에 식초, 연근을 넣어 거의 익으면 건져내어 찬물에 헹군다.
3. 냄비에 연근을 넣고 설탕물과 소금을 넣어 센불에서 끓인다.
4. 끓기 시작하면 약불로 줄여 조린다.
5. ❹가 1/3로 줄어들면 조청(또는 꿀)을 넣고 약한 불에서 윤기나게 조린다.
6. ❺가 갈색이 되면 불을 끈다.

조리 Point
약불에서 서서히 조려야 굳지 않게 조려지며 호일로 속 뚜껑을 만들어 덮어서 조리면 연근이 더 윤기나게 조려진다.

66 영양밥

추천시간 25분

재료 및 분량

쌀(200g) 1컵, 흑미 20g, 밤 1개, 대추 2개, 검은콩(양대콩) 20g, 은행 2알, 수삼 1뿌리, 식용유 1작은술

양념장 : 간장 1큰술, 설탕 1/4큰술, 다진파·다진마늘·깨소금·참기름·후춧가루 약간

만드는 법

1. 쌀을 깨끗이 씻어 물에 30여분 담근 후 체에 건진다.
2. 검은콩은 씻어 불려놓고, 밤은 껍질을 벗긴 뒤 4등분하고, 대추는 돌려깎기하여 1cm 크기로 썬다.
3. 수삼은 1cm 크기로 썰고 은행은 열이 오른 팬에 기름을 두르고 볶아 껍질을 벗긴다.
4. 솥에 불린 쌀을 넣고 은행을 제외한 나머지 재료를 넣어 끓는 물을 부어 뚜껑을 열고 끓인다.
5. 밥이 끓기 시작하면 중불로 낮춘다.
6. 밥물이 거의 줄어들면 약불로 줄이고 바닥이 눌지 않도록 저어준 다음 은행을 넣어 10분 정도 뜸을 들인다.
7. 양념장을 만들어 놓는다.
8. 주걱으로 털듯이 밥을 고루 섞어 그릇에 담고 양념장을 곁들여 낸다.

조리 Point

밥이 눌지 않도록 밥이 거의 다 되었을 때 약불로 줄인 후 주걱으로 저어주며 이때 밥알을 손으로 으깨서 뜸 시간을 가늠한다.

67 오이감정

추천시간 20분

재료 및 분량

오이 1/2개, 소고기 50g, 풋고추 1개, 홍고추 1개, 대파 1/2대, 고추장 3큰술, 된장 1큰술, 다진마늘 1작은술

소고기 양념 : 국간장 1/2작은술, 다진마늘 · 참기름 · 깨소금 · 후춧가루 약간

만드는 법

1. 오이는 소금으로 문질러가며 씻어서 물기를 제거하고 세로로 반을 잘라서 삼각지게 썬다.
2. 소고기는 결 반대로 납작하게 저며 썰어서 소고기 양념을 한다.
3. 풋고추, 홍고추는 어슷하게 썰어서 물에 씻어 씨를 제거한다.
4. 대파는 3cm 길이로 어슷하게 썬다.
5. 냄비에 소고기를 넣어 볶다가 물을 붓고 고추장과 된장을 푼다.
6. ❺가 끓어 오르면 오이를 넣어 잠시 더 끓인 다음 고추, 대파, 다진마늘을 넣어 한소끔 끓인다.

조리 Point

너무 오래 끓이거나 뚜껑을 닫고 조리하면 오이 색이 누렇게 되므로 주의한다.

68 오이선

추천시간 25분

재료 및 분량

오이 1/2개, 소고기 20g, 소금 2큰술, 불린 표고버섯 1개, 달걀 1개, 식용유 1작은술

소고기·표고버섯 양념 : 간장 1큰술, 설탕 1/2큰술, 다진 파·다진마늘·참기름·깨소금·후춧가루 약간
단촛물 : 식초 1큰술, 설탕 1큰술, 물 1큰술, 소금 1/3작은술

만드는 법

1. 오이는 소금으로 문질러 씻어서 반으로 가른 뒤 푸른 부분의 길이가 4cm가 되도록 어슷썰고 칼집을 세 번 넣은 후 소금물에 절인다.
2. 불린 표고버섯, 소고기는 곱게 채썰어 양념을 한다.
3. 달걀은 황·백지단을 부친 후 3cm로 채를 썬다.
4. 절여진 오이는 물에 씻어 물기를 제거하고 팬에 기름을 두르고 새파랗게 살짝 볶아낸 다음 표고버섯, 소고기를 볶는다.
5. 단촛물을 만들어 설탕과 소금이 녹을 정도로만 살짝 끓여 식힌다.
6. ④의 오이 칼집 속에 황지단 → 표고버섯 + 소고기 → 백지단 순으로 끼워 넣는다.
7. ⑥의 오이를 그릇에 담고 제출 직전에 ⑤의 단촛물을 끼얹어 낸다.

조리 Point

- 오이에 칼집을 넣을 때 칼집 넣은 부분이 잘리지 않도록 주의한다.
- 칼집을 낸 사이에 소금을 넣어서 절이면 더 빨리 절여진다.
- 제출 직전에 촛물을 오이에 끼얹어서 내면 색깔이 누렇게 변하지 않고 식초향 또한 달아나지 않아서 새콤달콤한 맛을 느낄 수 있다.

69 오징어솔방울구이

추천시간 20분

재료 및 분량
오징어 1마리, 소금 1큰술

고추장 양념 : 고추장 2큰술, 간장 1큰술, 고춧가루 1작은술, 설탕 1큰술, 물엿 1큰술, 참기름 1작은술, 다진파 · 다진마늘 · 다진생강 · 깨소금 · 후춧가루 약간

만드는 법
1. 오징어는 반으로 갈라서 내장을 제거하고 소금을 손에 묻혀 껍질을 벗긴 후 깨끗이 씻는다.
2. 껍질 안쪽에 0.2cm 간격으로 대각선 칼집을 넣어 4×2cm 크기로 자른다.
3. 고추장 양념을 만든다.
4. ②의 오징어에 ③의 양념을 발라서 재워둔다.
5. 달군 석쇠에 양념하여 재워둔 오징어를 굽는다.

조리 Point
- 오징어는 껍질 안쪽(내장쪽)에 칼집을 넣어야 하며 껍질을 벗긴 뒤 앞, 뒤 구분이 가지 않을 때는 껍질 안쪽(내장쪽)에 다이아몬드 모양처럼 생긴 배꼽쪽에 칼집을 넣는다.
- 칼집을 넣을 때는 칼을 눕혀서 깊게 넣어야 모양이 또렷하게 잘나온다.

70 오징어순대

추천시간 35분

재료 및 분량

오징어 1마리, 소고기 50g, 두부 30g, 당근 20g, 홍고추 1개, 풋고추 1개, 불린 표고버섯 1장, 밀가루 5큰술, 꼬치 2개, 달걀 1개, 소금 1큰술

소 양념 : 소금 · 다진파 · 다진 마늘 · 참기름 · 깨소금 · 후춧가루 약간, 달걀흰자 1큰술

만드는 법

1. 오징어는 몸통과 다리를 분리한 다음 내장을 빼고 껍질은 소금으로 문질러가며 벗겨 끓는 물에 살짝 데친 후 몸통은 물기를 제거하고 다리는 곱게 다져 놓는다.
2. 불린 표고버섯은 물기를 제거한 다음 곱게 다진다.
3. 당근, 풋고추, 홍고추도 손질하여 곱게 다진다.
4. 소고기는 잘게 다지고, 두부는 으깬 다음 물기를 제거한다.
5. 다진 오징어다리와 표고버섯, 당근, 풋고추, 홍고추, 고기, 두부를 섞어 소 양념을 한다.
6. 오징어는 속을 뒤집어 물기를 제거한 다음 밀가루를 묻혀 털어내고 소를 꾹꾹 눌러가며 채운 다음 꼬치로 입구를 막아준다.
7. 오징어를 꼬치로 군데군데 찔러 김이 오른 찜통에 10분 정도 쪄낸 후 식혀서 보기좋게 썰어 접시에 담는다.

조리 Point

- 소로 들어가는 재료는 물기 제거를 잘해야 익혀서 썰었을 때 단단해지고 군데군데 꼬치로 찔러주어야 수분이 밖으로 빠져 나와 몸체가 분리되지 않는다.
- 완전히 식은 후에 썰어야 부스러지지 않게 잘 썰어진다.

71 옥수수전

추천시간 **20분**

재료 및 분량
옥수수(캔) 200g, 밀가루 4큰술, 완두콩(캔) 30g, 소금 1작은술, 식용유 1큰술

만드는 법
1. 옥수수와 완두콩은 깨끗이 씻어 물기를 제거하고 다진다.
2. 다진 ①에 밀가루를 넣고 물을 약간 부어 준비된 옥수수와 완두콩이 서로 엉기도록 걸쭉하게 반죽을 하고 소금으로 간을 한다.
3. 기름을 두른 팬에 ②를 지름 5cm 크기로 떠놓아 가며 동그랗게 지져낸다.

조리 Point
- 전은 타지 않고 노릇노릇하게 지져낸다.
- 생완두콩이 나오면 끓는 소금물에 살짝 데쳐내어 사용하도록 한다.

72 온면

추천시간 **25분**

재료 및 분량

가는 국수(소면) 80g, 소고기(양지머리) 50g, 소고기(우둔살) 50g, 달걀 1개, 호박 1/4개, 석이버섯 1장, 실고추 약간, 식용유·소금·참기름 1작은술

양지머리 육수 : 소고기(양지머리) 50g, 대파 1/2대, 마늘 1개, 통후추 + 국간장·소금 약간

만드는 법

1. 찬물에 소고기(양지머리), 파, 마늘, 통후추를 넣고 푹 끓여내어 국물은 체에 걸러서 소금과 국간장으로 간을 한다.
2. 소고기(우둔살)는 결대로 곱게 채를 썰어 양념을 한다.
3. 호박은 4cm 크기로 돌려깎아 곱게 채를 썬 다음 소금과 참기름으로 간을 하여 팬에서 볶아낸 다음 식힌다.
4. 석이버섯은 물에 담가 불려서 소금으로 문질러 씻은 다음 돌돌 말아 채를 썰어서 소금과 참기름을 넣어 살짝 볶는다.
5. 달걀은 황·백지단을 곱게 부쳐 채를 썰고 실고추는 3cm 길이로 자른다.
6. 끓는 물에 소금과 식용유를 넣고 소면을 펼쳐서 넣어 끓어오르면 물을 부어가며 심까지 무르게 삶아내어 찬물에 씻어 사리를 틀어 채반에 건져 놓는다.
7. 국수 사리는 뜨거운 장국에 한번 담갔다가 대접에 담고 소고기, 호박, 황·백지단, 실고추, 석이버섯을 올린 후 뜨거운 장국을 부어낸다.

조리 Point

- 국물은 뜨거운 상태로 끓여서 부어내도록 하고 면이 붇지 않도록 유의한다.
- 소고기가 양지머리만 나오면 육수로 삶아낸 다음 편육을 채썰어서 소금과 참기름으로 간을 하여 고명으로 얹어내고 호박 대신 오이가 나오면 동일한 방법으로 조리하여 올려 내도록 한다.

73 용봉탕

추천시간 50분

재료 및 분량

잉어(300g) 1마리, 닭 1/2마리, 불린 표고버섯 1장, 밤 2개, 대추 2개, 달걀 1개, 석이버섯 2장, 대파 1/2대, 마늘 2개, 소금 1작은술, 국간장 1큰술

닭살 양념 : 소금 · 다진파 · 다진마늘 · 후춧가루 약간

만드는 법

1. 닭은 깨끗이 씻어 대파와 마늘을 넣고 푹 삶아 다 익으면 건진다. 닭살은 손으로 찢어서 닭살 양념을 하고 육수는 면포에 거른다.
2. 잉어는 비늘과 내장을 제거하고 머리를 자른 다음 꼬리 끝에서 1cm 정도 내려와 가운데 뼈를 끊어 꼬리쪽을 세워서 피를 빼준 다음 5cm 크기로 자른다.
3. 불린 표고버섯은 기둥을 떼고 적당한 크기로 자른다.
4. 달걀은 황 · 백지단을 부쳐 4×0.8×0.2cm 크기로 썰고, 석이버섯은 채썰어 살짝 볶고 밤은 껍질을 벗긴다.
5. ❶의 육수에 잉어, 밤, 대추를 넣고 끓이다가 소금과 국간장으로 간을 한다.
6. 그릇에 잉어와 닭살을 얹어 국물을 붓고 밤, 대추, 황 · 백지단, 석이버섯채를 얹어낸다.

조리 Point

잉어는 핏물을 잘 빼서 비린 냄새를 제거하는 것이 중요하다.

74 우메기

추천시간 35분

재료 및 분량

찹쌀가루 1컵, 멥쌀가루 1/2컵, 대추 1개, 막걸리 3큰술, 설탕 1큰술, 소금 1/2작은술, 식용유 1컵

집청 : 물엿 1컵, 꿀 1큰술, 물 1큰술

만드는 법

① 찹쌀가루와 멥쌀가루에 소금, 설탕을 넣어 섞은 다음 체에 내린다.
② 중탕하여 따뜻한 막걸리를 ①에 넣어서 버무려 섞다가 뜨거운 물을 넣고 반죽하여 젖은 면포를 덮어 20분간 잠시 둔다.
③ 대추는 돌려깎아 씨를 빼고 작은 마름모 모양으로 썬다.
④ ②를 140℃의 식용유에 넣어 붙지 않게 모양을 만들어 한알씩 서서히 지지듯이 노릇하게 튀긴다.
⑤ 물, 꿀, 물엿을 넣고 끓여 집청을 만든다.
⑥ ④가 노릇노릇 튀겨지면 건져서 기름을 빼고 ⑤의 집청에 담갔다가 건져서 대추를 고명으로 올려 제출한다.

조리 Point

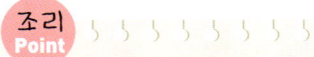

- 온도를 낮게 하여 튀겨내서 적당히 부풀어 오르게 한다.
- 적은 기름을 두르고 지지듯 튀겨내야 모양이 흐트러지지 않는다.

75 우설찜

추천시간 30분

재료 및 분량

우설 300g, 소고기(양지머리) 50g, 당근 50g, 양파 30g, 밤 2개, 은행 2알, 달걀 1개, 불린 표고버섯 1장, 식용유 1큰술, 소금 1작은술

찜 양념 : 간장 3큰술, 설탕 2큰술, 다진파·다진마늘·참기름·깨소금 약간, 생강즙 1작은술, 건고추 1개, 통후추 2개

향미채소 : 대파 1/3대, 마늘 2개, 생강 1/3개, 양파 약간

만드는 법

1. 우설은 끓는 물에 향미채소를 넣고 삶아내어 건져서 뜨거울 때 껍질을 벗겨 사방 3cm 크기로 먹기좋게 썬다.
2. 양지머리는 끓는 물에 향미채소를 넣고 삶아서 사방 3cm 크기로 썰고 육수는 면포에 거른다.
3. 당근은 밤톨 크기로 썰고 밤은 껍질을 벗겨 당근과 함께 데쳐낸다.
4. 은행은 기름을 두르고 소금을 넣고 볶아 속껍질을 벗긴다.
5. 표고버섯은 기둥을 떼어내고 은행잎 모양으로 썬다.
6. 양파는 5×1cm 크기로 썬다.
7. 달걀은 황·백지단을 부쳐 마름모 모양으로 썬다.
8. 당근, 밤, 양파, 표고버섯에 양지머리 육수 1컵과 찜 양념장의 반을 부어서 조리다가 어느 정도 졸아들면 우설, 양지머리를 넣고 나머지 양념장 반을 넣어서 함께 조린다.
9. 조려진 우설찜을 그릇에 담고 은행, 황·백지단을 고명으로 올려서 낸다.

조리 Point

우설은 뜨거운 물에 데친 후 뜨거운 상태에서 바로 껍질을 벗겨야 매끈하게 잘 벗겨진다.

76 원소병

추천시간 **20분**

재료 및 분량

찹쌀가루(젖은 것) 60g, 식용색소(청색, 붉은색, 황색), 잣 1작은술, 녹말가루 1작은술, 소금 1작은술

소 : 유자청 10g, 대추 2개, 계핏가루 1g
국물 : 설탕(또는 꿀) 2큰술, 물 1컵

만드는 법

1. 찹쌀가루는 소금을 넣고 체에 내린 후 3등분 하고 끓는 물에 식용색소를 소량 타서 연한 색이 나도록 하여 반죽한다.
2. 유자청과 대추는 곱게 다져 계핏가루를 넣고 소를 만든다.
3. ①의 반죽에 ②의 소를 넣고 지름이 2cm 정도 되게 동그랗게 빚어서 녹말가루를 묻힌 다음 끓는 물에 삶아 찬물에 식혀서 건진다.
4. 물 한컵에 설탕(또는 꿀) 2큰술을 넣고 살짝 끓여 식혀둔다.
5. 그릇에 색깔별로 ③을 3개씩 넣어 ④의 물을 부어 잣을 띄워낸다.

조리 Point

- 찹쌀가루 반죽 시 뜨거운 물로 반죽하면 반죽이 늘어지므로 찬물로 반죽하며, 물의 양에 주의하여 너무 질지 않게 한다.

77 월과채

추천시간 **20분**

재료 및 분량

소고기 50g, 느타리버섯 3장, 애호박 1/2개, 찹쌀가루 1/2컵, 불린 표고버섯 2장, 달걀 1개, 밀가루 20g, 식용유 1큰술, 잣 5개, 대파 1/2개, 마늘 2개, 참기름 1큰술, 깨소금 1작은술, 소금 약간

소고기 · 표고버섯 · 느타리버섯
양념 : 간장 1큰술, 설탕 1/2큰술, 다진파 · 다진마늘 · 참기름 · 깨소금 · 후춧가루 약간

만드는 법

1. 애호박은 길이로 반을 잘라 씨를 빼어 눈썹모양처럼 만든 뒤 크기가 고르게 썬다.
2. ①의 애호박은 소금에 살짝 절여 물기를 짠 다음 다진파, 다진마늘을 조금 넣고 참기름으로 간한다.
3. 소고기는 다지고 불린 표고버섯은 채 썰고, 느타리버섯은 소금을 넣어 데친 후 손으로 결대로 찢어 각각의 양념을 한다.
4. 달걀은 황 · 백지단을 부쳐 4×0.5cm 크기로 썬다.
5. 찹쌀가루에 밀가루를 넣은 뒤 소금물을 넣어 약간 걸쭉하게 반죽한 후 전병을 만들어 부친 뒤 지단과 같은 크기로 썬다.
6. ②, ③을 각각 볶아 식히고 잣은 다져서 가루를 만든다.
7. ⑥에 ④, ⑤를 넣고 고루 섞어 참기름과 깨소금을 넣고 골고루 무친다.
8. 접시에 담고 잣가루를 뿌려서 담아낸다.

조리 Point

- 홍고추가 지급이 되면 4×0.2×0.2cm 크기로 채썰어 볶은 후 넣는다.
- 찰전병은 밀가루를 약간 넣어서 지져주면 덜 찢어진다.

78 율란·조란

추천시간 **30분**

율란

재료 및 분량

밤 5개, 꿀 1큰술, 계핏가루 1작은술, 소금 약간, 잣 2큰술

만드는 법

① 냄비에 소금물을 붓고 밤을 넣어 삶고 익으면 껍질을 제거한 밤을 체에 내린다.
② ①에 꿀과 계핏가루와 소금을 약간 넣어서 고루 섞어 덩어리로 꼭꼭 뭉친다.
③ ②의 반죽을 삼각형 모양으로 만들고 모나지 않게 둥글게 하여 밤 모양으로 빚은 다음 꿀을 바른 후 잣가루를 묻혀 담아낸다.

조란

재료 및 분량

대추 8개, 꿀 1큰술, 계핏가루 약간, 잣 1큰술

만드는 법

① 대추는 씨를 발라내고 찜통에 살짝 찐 다음 곱게 다져 계핏가루, 꿀을 넣고 팬에서 약불로 졸여 덩어리지게 뭉친다.
② 반죽을 조금씩 떼어 대추모양으로 빚고, 꼭지 부분에 잣을 끼워 반쯤 나오게 한 후 잣을 박은 부분이 위로 오게 한다.

조리 Point

율란·조란의 반죽은 꿀로 농도를 조절하되 눌러 보았을 때 말랑할 정도로 질게 만들어야 시간이 지나도 갈라지지 않는다.

79 임자수탕

추천시간 **50분**

재료 및 분량

미나리 50g, 달걀 2개, 불린 표고버섯 1장, 오이 1/4개, 홍고추 1개, 녹말가루 2큰술, 잣 1작은술, 밀가루 1큰술, 식용유 1큰술, 소고기 50g, 소금 1작은술, 흰후춧가루 약간, 꼬치

닭고기 육수 : 닭 1/2마리, 생강·대파 1/2대, 마늘 2개
소고기 완자 양념 : 소금·다진파·다진마늘·참기름·깨소금·후춧가루 약간
깻국 : 닭육수 3컵, 흰깨 1컵, 소금·흰후춧가루 약간

만드는 법

1. 닭은 물에 담가 피를 빼고 깨끗이 씻어 닭이 잠길 정도의 물을 붓고 대파, 마늘, 생강을 넣고 삶는다.
2. 닭고기가 익으면 살만 발라서 소금, 흰후춧가루를 넣어 무치고 닭 삶은 육수는 식혀서 기름을 걷어 낸다.
3. 흰깨는 물을 조금 부어 손으로 으깨어 씻어 껍질을 벗긴 다음, 타지 않게 볶아서 닭 삶은 물을 부어가며 갈아 체에 받쳐 깻국을 만들어 소금, 흰후춧가루로 간하여 차게 해 둔다. 황·백 지단을 부쳐 2×3.5cm 크기로 자른다.
4. 오이는 돌려깎아서 푸른 부분만 지단크기로 썰고 홍고추, 표고버섯도 같은 크기로 썰어 각각 녹말가루를 묻힌 후 끓는 물에 삶아 건져 찬물에 헹구어 놓는다.
5. 소고기는 다져서 완자 양념하여 1cm의 완자로 빚어 밀가루, 달걀물 순으로 묻혀 팬에서 굴려가며 익힌다. 미나리는 꼬치에 꿰어서 밀가루, 달걀물을 묻혀 부쳐서 지단 크기로 자른다.
6. 그릇에 ❷의 닭고기를 담고 오이, 표고버섯, 홍고추, 지단, 미나리초대를 색스럽게 얹어 깻국을 붓고 잣과 완자를 올려 낸다.

조리 Point
거피한 깨는 팬에서 살짝 볶아 색이 나지 않도록 한다.

80 잡곡부침

추천시간 **35분**

재료 및 분량

멥쌀가루 50g, 녹두가루 50g, 수수가루 50g, 콩가루 50g, 배추김치 50g, 숙주 40g, 돼지고기 50g, 식용유 3큰술, 참기름·소금·물 약간

돼지고기 양념 : 간장·설탕·다진파·다진마늘·참기름·깨소금·후춧가루 약간

만드는 법

① 멥쌀가루, 녹두가루, 수수가루, 콩가루를 섞는다.
② 배추김치는 속을 털어내고 송송 썰어서 준비한다.
③ 숙주는 씻어서 끓는 소금물에 데쳐내어 물기를 제거하고 송송 썰어 소금과 참기름으로 밑간을 한다.
④ 돼지고기는 잘게 다져서 돼지고기 양념을 한다.
⑤ ①~④를 모두 섞어서 약간의 물을 넣고 반죽하여 팬에 식용유를 두르고 한 숟가락씩 떠 놓아 지져낸다.

조리 Point
반죽의 농도에 유의한다.

81 잣구리

추천시간 **30분**

재료 및 분량

찹쌀가루 150g, 소금 1/2작은술

깨소 : 깨 1큰술, 소금 1/8작은술, 꿀 1작은술, 계핏가루 1/4작은술
밤소 : 밤 3개, 소금 1/8작은술, 꿀 1작은술, 계핏가루 1/4작은술
고물 : 잣 60g

만드는 법

① 찹쌀가루에 소금을 넣어 체에 친 다음 익반죽한다.
② 깨는 굵직하게 다져서 꿀, 소금, 계핏가루를 넣어 깨소를 만든다.
③ 밤은 냄비에 물을 넣고 찐 다음 반을 갈라 숟가락으로 파낸 후 체에 내려 계핏가루, 꿀, 소금을 넣어 밤소를 만든다.
④ 잣은 종이를 깔고 덮어서 밀대로 밀어 다시 칼날로 곱게 다져 고물을 만든다.
⑤ ①의 반죽은 동전크기로 떼어 내어 소를 각각 넣고 젓가락으로 돌려가며 가운데를 눌러 누에고치 모양으로 도톰하게 만든다.
⑥ ⑤를 끓는 물에 넣었다가 동동 떠오르면 건져서 물기를 빼고 고물을 골고루 묻혀 접시에 담아낸다.

조리 Point
- 삶아내면 처음 크기보다 모양이 더 커지므로 크기를 감안하여 빚는다.
- 꿀 대신 물엿을 사용할 수 있다.

82 장김치

재료 및 분량

무 50g, 배추 80g, 미나리 10g, 쪽파 10g, 불린 표고버섯 1장, 불린 석이버섯 1장, 대추 1개, 생강 1개, 마늘 2개, 배 1/8개, 실고추 1g, 밤 1개, 잣 5개, 간장 5큰술, 물 2컵, 설탕 1큰술, 소금 1큰술

만드는 법

① 배는 2.5×2.5×0.2cm 크기로 썰고 밤은 편 썰어 설탕물에 담가 놓는다.
② 무, 배추는 2.5×2.5×0.2cm 크기로 썰어서 간장에 절인다.
③ 불린 표고버섯·석이버섯은 채썰고, 대추는 돌려깎기하여 씨를 빼고 채썬다.
④ 실고추, 미나리, 쪽파는 2.5cm 정도로 썰고 생강, 마늘도 채썬다.
⑤ 배추와 무가 절여지면 간장물을 따라내어 물 2컵을 부어 무, 배추를 절였던 간장 3큰술을 넣고 소금과 설탕으로 간을 한다.
⑥ ⑤에 모든 재료를 넣어 버무린 후 잣, 실고추, 표고버섯, 석이버섯, 대추채를 올려 낸다.

조리 Point

- 장김치의 국물색은 어느 정도 간장색을 띄어야 한다.
- 무가 배추보다 쉽게 절여지므로, 배추가 절여진 뒤 무를 넣는 것이 좋다.

83 장산적

추천시간 **25분**

재료 및 분량

소고기 90g, 두부 30g, 잣 1작은술, A4 용지 1장, 식용유 1큰술

소고기 · 두부 양념: 소금 1작은술, 설탕 1/2작은술, 다진파 · 다진마늘 · 참기름 · 깨소금 · 후춧가루 약간
조림장: 간장 5큰술, 설탕 3큰술, 생강편, 마늘편, 대파 1/2대 + 물 3큰술

만드는 법

1. 소고기는 곱게 다지고 두부는 으깨어 물기를 제거하고 섞어 양념을 하고 끈기가 나도록 치댄다.
2. ①의 소고기는 두께 0.7cm로 편편하게 반대기를 지어 네모나게 만든 다음 칼등으로 잔칼집을 넣는다.
3. 석쇠에 기름을 바르고 달군 다음 ②의 소고기를 타지 않게 굽는다.
4. ③의 소고기가 식으면 사방 2cm 크기로 썬다.
5. 냄비에 조림장을 하여 끓이다가 가장자리가 끓으면 약불에서 은근하게 조려 조림장이 1/3 정도 줄어들 때 소고기를 넣고 걸쭉한 농도가 되도록 조린다.
6. 국물과 함께 그릇에 담아내고, 잣가루를 고명으로 뿌린다.

조리 Point

- 소고기를 자를 때는 식은 후가 더 잘 잘라지며 이때 칼을 불에 달궈서 자르면 단면이 깨끗하게 잘린다.
- 다진 소고기는 잘 치대어 주어야 잘 랐을 때 빈틈이 없이 매끄럽다.
- 지급재료로 두부가 나오지 않을 수도 있다.

84 전복죽

추천시간 **30**분

재료 및 분량
전복 1마리, 불린 쌀 1컵, 물 6컵, 참기름·소금 약간

만드는법
1. 불린 쌀은 씻어서 물기를 빼고 비닐팩에 넣어 밀대로 밀어서 굵직하게 부순다.
2. 전복은 소금으로 문질러서 씻어 내장을 제거하고 얇게 저며 썬다.
3. 냄비에 참기름을 두르고 전복을 넣어 볶다가 불린 쌀을 넣고 쌀알이 투명해지도록 물을 약간씩 넣어가면서 볶은 다음, 남은 물을 마저 붓고 센불에서 끓인다.
4. 한번 끓어 오르면 불을 줄여서 잘 어우러질 때까지 끓인다.
5. 쌀알이 푹 퍼지도록 충분히 끓인 다음 소금으로 간을 맞춘다.
6. 그릇에 전복을 고명으로 얹어 모양있게 담아낸다.

조리 Point
- 쌀로 죽을 끓일 때에는 항상 쌀 양을 체크해야 한다.
- 쌀 양의 6배의 물(6컵)을 넣는데 1컵은 전복과 쌀을 넣어 볶을 때 냄비가 눋지 않게 조금씩 부어가면서 끓이다가 쌀알이 투명해지면 나머지 5컵의 물을 넣고 마저 끓여낸다.

85 조랭이떡국

추천시간 40분

재료 및 분량

멥쌀가루(젖은 것) 200g, 소고기(양지머리) 50g, 달걀 1개, 실고추 3g, 대파 1/3대, 생강 10g, 마늘 2개, 식용유, 소금 약간

소고기편육 양념 : 소금 · 다진파 · 다진마늘 · 참기름 · 깨소금 · 후춧가루 약간
육수 : 소고기(양지머리) 50g, 물 5컵, 생강 · 대파 · 마늘 + 국간장 · 소금 약간

만드는 법

① 소고기(양지머리)는 찬물에 담가 핏물을 뺀 다음 냄비에 5컵의 물을 붓고 대파, 마늘, 생강을 넣고 끓여 소고기가 익으면 건져서 식힌 다음 결대로 가늘게 찢어 양념하고 국물은 체에 받쳐 국간장과 소금으로 간을 맞춘다.
② 멥쌀가루는 소금물을 약간 넣어 고루 비벼서 체에 내려 젖은 면포를 깐 찜솥에 찐 다음 절구에 놓고 차지게 될 때까지 쳐서 가늘고 길게 만들어 도마 위에 놓고 나무칼로 비벼서 2cm 정도로 끊는다. 다시 가운데를 문질러 0.5cm 두께로 비벼 누에고치 모양으로 만든다.
③ 실고추는 3cm 크기로 자르고 달걀 황 · 백지단과 대파는 3×0.1×0.1cm 크기로 채썬다.
④ 국물이 끓어 오르면 ②의 떡을 넣고 국자로 저어 다시 끓여 떠오르면 그릇에 담고 소고기, 황 · 백지단, 대파채, 실고추를 얹어낸다.

조리 Point

찹쌀가루는 물을 약간만 넣어 찜통에 쪄 질지 않게 만들어야 누에고치 모양으로 만들 때 달라붙지 않는다.

86 주악

추천시간 30분

재료 및 분량

찹쌀가루 1½컵, 식용색소(청색, 붉은색, 황색) 약간, 소금 1/2작은술, 식용유 2컵

대추소 : 대추 5개, 계핏가루 1/2작은술, 꿀 2작은술
깨소 : 깨소금 2큰술, 계핏가루 1/2작은술, 꿀 2작은술
집청 : 꿀 100g

만드는 법

1. 찹쌀가루는 소금을 넣고 체에 내린 후 3등분하여 끓는 물에 식용색소를 소량 타서 연한 색이 나게 한 다음 각각 익반죽한다.
2. 대추는 씨를 빼고 곱게 다져서 꿀과 계핏가루를 조금 섞어 대추소를 만든다.
3. 깨소금에 꿀과 계핏가루를 섞어 깨소를 만든다.
4. 대추소와 깨소는 각각 콩알만큼씩 빚는다.
5. 반죽을 조금씩 떼어 둥글둥글하게 만들어 준비해놓은 소를 넣어 송편 빚듯이 빚어 주악을 만든다.
6. ⑤의 주악은 140℃ 정도의 식용유에 지지듯이 튀긴다.
7. 뜨거울 때 바로 꿀에 담가서 집청하여 그릇에 담아낸다.

조리 Point
찹쌀가루는 높은 온도에서 튀기면 부풀어 올라 모양이 흐트러지므로 140℃ 정도의 온도에서 지지듯 익혀낸다.

87 죽순채

재료 및 분량

죽순(캔) 100g, 소고기(우둔살) 50g, 홍고추 1개, 불린 표고버섯 1장, 미나리 20g, 숙주 30g, 달걀 1개, 소금 1작은술, 참기름 1작은술

죽순 · 숙주 · 미나리 양념 : 소금 · 참기름 약간
소고기 · 표고버섯 양념 : 간장 1큰술, 설탕 1/2큰술, 다진 파 · 다진마늘 · 깨소금 · 참기름 · 후춧가루 약간
초간장 : 간장 1/2큰술, 식초 1/2큰술, 설탕 1큰술, 소금 1/2작은술, 깨소금 1작은술

추천시간 20분

만드는 법

1. 죽순은 물에 씻은 뒤 빗살모양을 살린 채로 썰어 끓는 물에 데치고 소금과 참기름을 넣어 살짝 볶는다.
2. 숙주는 머리, 꼬리를 떼고, 미나리는 5cm 길이로 썬 후 소금물에 각각 데쳐 내어 찬물에 헹구고 소금과 참기름으로 밑간을 한다.
3. 소고기는 채를 썰어 양념하고 불린 표고버섯은 기둥을 떼내고 채썬 뒤 양념하여 각각 볶아서 식힌다.
4. 달걀은 황 · 백지단을 부쳐 5×0.2×0.2cm 크기로 채를 썬다.
5. 홍고추는 4cm 정도로 얇게 채를 썰고 소금을 넣어 살짝 볶는다.
6. 초간장을 준비한다.
7. 준비한 모든 재료를 초간장에 넣어 무쳐서 담고, 황 · 백지단은 고명으로 올려서 낸다.

조리 Point
- 젓가락으로 죽순 사이사이의 석회질을 제거한다.
- 양념에 미리 무쳐 놓지 않도록 한다 (제출 직전에 무쳐서 낸다).

88 준치만두

추천시간 **35분**

재료 및 분량

준치 1마리(400g 정도), 소고기 50g, 녹말가루 3큰술, 잣 1큰술, 생강 1/2개, 쑥갓 10g, 달걀 1개

준치살 양념 : 소금 · 참기름 · 후춧가루 · 생강즙 약간
소고기 양념 : 간장 1작은술, 설탕 1/2작은술, 다진파 · 다진마늘 · 참기름 · 깨소금 · 후춧가루 약간
초간장 : 간장 1큰술, 식초 1/2큰술, 설탕 1/2큰술

만드는법

❶ 준치는 비늘을 긁어내고 내장, 껍질을 벗긴 후 깨끗이 씻어 찜통에 쪄서 식으면 살만 발라내어 다진 다음 양념한다.
❷ 소고기는 곱게 다져서 양념하여 볶은 다음 다시 한 번 곱게 다진다.
❸ 준치살과 볶은 소고기, 달걀흰자, 녹말가루를 섞은 후 잣을 두알씩 넣어 직경 2.5cm의 크기로 둥글게 빚어 녹말가루를 묻혀 놓는다.
❹ ❸을 열이 오른 찜통에 젖은 면포를 깔고 찐다.
❺ 접시에 쑥갓을 얹고 준치만두를 모양있게 담아서 낸다.
❻ 초간장을 곁들인다.

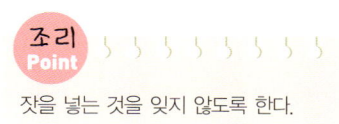

조리 Point
잣을 넣는 것을 잊지 않도록 한다.

89 청포묵무침

추천시간 20분

재료 및 분량

청포묵 150g, 소고기 50g, 미나리 5줄기, 오이 1/4개, 숙주 10g, 달걀 1개, 김 1/4장

오이·숙주·청포묵·미나리 양념 : 소금·참기름 약간
소고기 양념 : 간장·설탕·다진파·다진마늘·참기름·깨·소금·후춧가루 약간
초간장 : 간장 1큰술, 식초 1/2큰술, 설탕 1/2큰술

만드는 법

1. 청포묵은 0.5×0.5×6cm 크기로 썰어서 끓는 물에 데친 후 찬물에 담가 열기를 식히고 물기를 제거한다.
2. 숙주는 머리, 꼬리를 떼어내고 끓는 물에 데친다.
3. 미나리는 4cm 크기로 잘라 데친 후 찬물에 헹궈 물기를 제거한다.
4. 오이는 4cm 크기로 자른 다음 돌려깎기 하여 얇은 채로 썰어 양념한 후 볶는다.
5. 소고기는 4cm 길이로 채썰어서 양념하고 볶는다.
6. 달걀은 황·백지단을 얇게 부쳐서 4cm 길이로 일정하게 채썬다.
7. 김은 구워서 잘게 부수고, 초간장을 만든다.
8. ❶~❹는 소금과 참기름으로 양념한다.
9. 고명을 제외한 모든 재료를 넣고 초간장을 넣어서 간을 맞춘다.
10. 황·백지단과 부순 김을 고명으로 올려낸다.

조리 Point

오이와 미나리의 색감을 살리기 위해서 초간장은 제출 직전에 부어서 섞어 낸다.

90 취나물

추천시간 20분

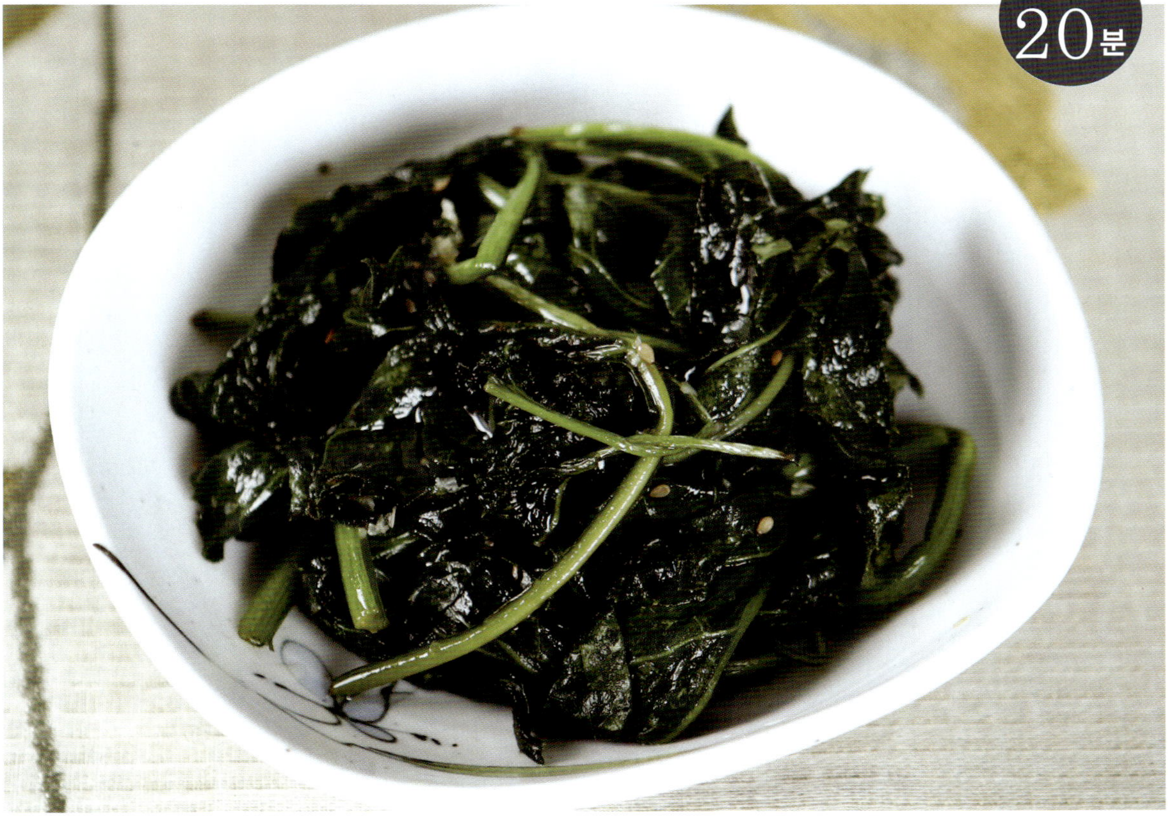

재료 및 분량

취나물 200g, 국간장 1작은술, 다진파 1작은술, 다진마늘 1/2작은술, 깨소금 1작은술, 참기름 1큰술, 식용유 1큰술, 소금 1작은술

만드는 법

1. 취나물은 어린 것으로 골라 줄기와 잎을 따로 손질한다.
2. 끓는 소금물에 줄기를 넣어 약간 데쳐지면 잎을 마저 넣어 데쳐낸다.
3. 데친 취나물은 찬물에 헹궈 떫은 맛을 우려내고 물기를 꼭 짠 후 손으로 주물러 향을 낸다.
4. 취나물에 다진파, 다진마늘, 국간장을 넣어 간을 한다.
5. 달군 팬에 식용유를 두르고 4를 넣어 볶다가 깨소금과 참기름을 넣어 그릇에 담아낸다.

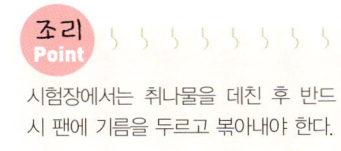

조리 Point

시험장에서는 취나물을 데친 후 반드시 팬에 기름을 두르고 볶아내야 한다.

91 콩나물무침

추천시간 **20**분

재료 및 분량

콩나물 100g, 실고추 1g

콩나물 양념 : 다진파 · 다진마늘 · 깨소금 · 참기름 · 소금 약간

만드는법

① 콩나물은 뿌리를 다듬어 씻어서 끓는 물에 넣고 데친다.
② 데친 콩나물은 체에 받쳐 물기를 제거하고 식혀둔다.
③ ②의 콩나물에 양념을 넣어 잘 섞이도록 무친다.
④ ③의 콩나물에 실고추를 손으로 3cm 정도로 뜯어서 올려서 낸다.

조리 Point

콩나물은 삶을 때 뚜껑을 열면 비린내가 나므로 뚜껑을 열지 않도록 한다.

92 파전

추천시간 **20분**

재료 및 분량

쪽파 100g, 굴 50g, 홍합 50g, 조갯살 50g, 소고기 30g, 홍고추 1개, 소금 1작은술, 참기름 1작은술, 식용유 2큰술

밀가루 반죽 : 밀가루 150g, 멥쌀가루 100g, 달걀 1개, 소금 1/2작은술, 물 1컵 정도
소고기 양념 : 간장 1작은술, 설탕 1/2작은술, 다진파·다진마늘·참기름·깨소금·후춧가루 약간
초간장 : 간장 1큰술, 식초 1/2큰술, 설탕 1/4큰술

만드는 법

① 조갯살, 굴, 홍합을 다듬어 연한 소금물에 흔들어 씻어 건져 물기를 뺀 후 굵직하게 다진다.
② 밀가루, 멥쌀가루, 달걀흰자에 소금, 물을 넣고 잘 저어 걸쭉한 파전 반죽을 만든다.
③ 쪽파는 씻어서 10cm 길이로 자르고 뿌리 쪽에는 소금을 뿌려 두었다가 참기름으로 양념하고 소고기는 다져서 소고기 양념한다.
④ 홍고추는 반을 갈라 씨를 빼고 어슷하게 채를 썰어 준비한다.
⑤ 뜨겁게 달군 팬에 기름을 두르고 쪽파는 밀가루를 묻혀서 반죽에 넣었다가 꺼내 드문드문 팬에 놓고 양념된 소고기, 조갯살, 굴, 홍합을 위에 올린 후 홍고추를 놓고 밀가루 반죽을 고루 덧발라 살짝 눌러준다.
⑥ 어느 정도 노릇하게 익으면 뒤집어 해물이 익도록 지진 다음 달걀노른자 푼 것을 발라 팬 뚜껑을 덮고 약한 불에서 양면을 노릇하게 지져낸다.
⑦ 모양있게 지져낸 다음 4×3.5cm 크기 정도로 썰어서 초간장과 곁들여 낸다.

조리 Point

참고로 찹쌀가루를 쓸 경우 밀가루의 1/10 정도의 양으로 반죽을 하여 노릇하게 지져낸다. 찹쌀가루를 많이 넣으면 바삭하지 않고 노릇노릇한 감이 없어진다.

93 편수

추천시간 30분

재료 및 분량

소고기 50g, 애호박 1/2개, 숙주 30g, 오이 1/2개, 불린 표고버섯 2장, 잣 1작은술, 달걀 1개, 소금 1작은술, 참기름 1작은술, 밀가루 1/2컵

육수 : 소고기 30g, 대파 1/2대, 마늘 2개, 통후추 약간, 물 + 국간장 · 소금 약간
소고기 · 표고버섯 양념 : 간장 1큰술, 설탕 1/2큰술, 다진 파 · 다진마늘 · 참기름 · 깨소금 · 후춧가루 약간
초간장 : 간장 1큰술, 설탕 1/2큰술, 식초 1큰술

만드는 법

1. 밀가루는 반죽 후 젖은 면포에 싸둔 후 얇게 밀어 8cm 크기의 정사각형으로 잘라 만두피를 준비한다.
2. 육수는 면포에 걸러 국간장과 소금으로 간을 한 다음 식혀둔다.
3. 숙주는 소금물에 데쳐서 찬물에 헹구어 물기 제거 후 송송 썰어 소금과 참기름으로 간을 한다.
4. 오이와 애호박은 돌려깎아 채썰어서 소금물에 살짝 절여 물기를 제거한 후 참기름에 볶아서 펼쳐서 식힌다.
5. 소고기는 다지고, 불린 표고버섯은 가늘게 채썰어 양념을 하여 볶아서 식힌다.
6. 달걀은 황 · 백지단을 부쳐서 마름모꼴로 썬다.
7. ③~⑤를 섞어 소를 만든다.
8. 만두피에 소를 넣고 잣을 얹은 다음 네 귀를 모아 맞닿는 가장자리를 붙여 네모난 모양으로 빚는다.
9. 김이 오른 찜통에 젖은 면포를 깔고 10분 정도 쪄낸다.
10. 편수를 찬 육수에 띄우고 황 · 백지단을 고명으로 얹은 후 초간장을 곁들여 낸다.

조리 Point
- 잣 넣는 것을 빠트리지 않는다.
- 편수는 먼저 찐 다음 찬 육수를 붓는다.

94 표고전

추천시간 15분

재료 및 분량

불린 표고버섯 5장, 소고기 30g, 두부 15g, 달걀 1개, 밀가루 1큰술, 식용유 2큰술

표고버섯 양념 : 간장·설탕·참기름 약간
소고기·두부 양념 : 소금·설탕·다진파·다진 마늘·참기름·깨소금·후춧가루 약간

만드는 법

1. 불린 표고버섯은 기둥을 떼고 물기를 제거한 다음 표고버섯 안쪽에 옅은 칼집을 넣어 표고버섯 양념을 한다.
2. 소고기는 핏물을 제거한 후 곱게 다지고, 두부는 곱게 으깬 다음 물기를 제거한 후 3 : 1로 섞어 양념한다.
3. ①의 표고버섯 안쪽에 밀가루를 묻혀 털고, 소를 채운 뒤 밀가루 → 달걀물 순으로 옷을 입혀 약불로 지져낸다.
4. 표고버섯 안쪽을 다 익힌 후에 등쪽도 살짝 지져낸다.

조리 Point

표고버섯 안쪽에 소를 넣을 때 검지와 중지로 누르면서 빈틈없이 소를 넣어야 익었을 때 빈틈이 생기는 것을 막을 수 있다.

호박전

추천시간 **15분**

재료 및 분량

애호박 1/2개, 소고기(우둔살) 30g, 두부 20g, 달걀 1개, 밀가루(중력분)50g, 소금, 식용유

소양념 : 대파, 마늘, 진간장, 설탕, 깨소금, 후춧가루, 참기름

만드는 법

① 애호박은 두께 0.5cm 정도로 동그랗게 잘라 중심을 직경 2cm 정도로 파내서 소금에 절인 후 수분을 제거한다.
② 소고기를 곱게 다지고, 두부의 물기를 제거하여 곱게 다진 후 섞어 소금간하여 갖은 양념을 한다.
③ ①의 애호박에 밀가루를 묻히고, 고기 속을 넣는다.
④ ③에 밀가루를 다시 묻히고 달걀옷을 입혀 8개를 지져낸다.

조리 Point

애호박의 색감을 살려 누렇게 되지 않도록 약불에서 익힌다.

96 호박죽

추천시간 **30분**

재료 및 분량
늙은 호박 150g, 단호박 80g, 찹쌀가루(젖은 것) 100g, 팥 삶은 것 50g, 설탕 1큰술, 소금 1작은술

만드는 법
① 호박은 씨를 파내고 껍질을 벗긴 다음 얇게 썬다.
② 물을 잠길 정도로 붓고 호박이 푹 물러지도록 삶은 다음 으깨어 체에 내린다.
③ 찹쌀가루는 물에 개어서 새알심을 만들고 끓는 물에 익혀서 준비한다.
④ ②의 호박물을 눌지않게 저으면서 ③을 넣고 찹쌀가루로 농도를 맞추면서 삶아 놓은 팥을 넣고 약불에서 끓인다.
⑤ 완성된 호박죽에 소금과 설탕으로 간을 한다.

조리 Point
- 호박은 으스러지도록 푹 삶아내야 체에 거르기 쉽다.
- 새알심을 준비한다.

97 호박오가리찌개

추천시간 25분

재료 및 분량

호박오가리 100g, 소고기 50g, 두부 1/4모, 홍고추 1개, 쪽파 1뿌리, 소금 1/2작은술, 다진마늘 1작은술, 국간장 1큰술, 식용유 1큰술, 물(육수) 2컵

소고기 양념 : 간장·다진파·다진마늘·참기름·깨 소금·후춧가루 약간

만드는 법

1. 호박오가리는 물에 담가 불려 깨끗이 씻어서 물기를 제거한다.
2. 소고기는 결 반대로 납작하게 썰어서 고기 양념을 한다.
3. 홍고추는 길이로 반을 갈라 씨를 빼고 3cm 크기로 채썬다.
4. 두부는 2×3×1cm 크기로 썰어서 준비하고 쪽파는 3cm 크기로 자른다.
5. 냄비를 달궈서 식용유를 두르고 ❷의 소고기를 넣어서 볶다가 ❶의 호박오가리를 넣고 볶아서 물을 부어 다진마늘, 홍고추를 넣어 끓인다.
6. ❺가 끓어오르면 두부, 쪽파를 넣고 국간장, 소금을 넣어 간을 하여 그릇에 담아낸다.

조리 Point

- '호박오가리'란 애호박을 얇게 썰어서 말린 것을 말한다.
- 호박오가리는 살이 연해서 뜨거운 물에 불리면 쉽게 물러지므로 미지근한 물이나 찬물에 담가서 불리는 것이 좋다.

98 궁중닭찜

추천시간 35분

재료 및 분량

닭 1/2마리(500g), 불린 표고버섯 2장, 목이버섯 1장, 석이버섯 1장, 달걀 1개, 대파 1/2대, 마늘 2쪽, 생강 10g, 후춧가루 약간

밀가루 물 : 밀가루 2큰술, 닭 육수 3큰술
닭살 양념 : 소금 1작은술, 다진파 1작은술, 다진마늘 1/2작은술, 참기름 1작은술, 후춧가루 1/4작은술

만드는 법

① 닭은 찬물에 담가 핏물을 제거한 후 5~6cm 크기로 토막 내어 끓는 물에 파, 마늘, 생강을 넣고 삶는다.
② ①의 삶은 닭은 살을 발라 한입 크기로 찢어 닭살 양념으로 버무리고 ①의 국물은 면보에 걸러 기름을 제거하고 닭 육수를 만든다.
③ 표고버섯, 목이버섯, 석이버섯은 굵게 채 썬다.
④ 냄비에 ②의 닭 육수 3컵을 붓고 표고버섯과 목이버섯을 넣고 끓이다가 밀가루 물을 조금씩 넣으면서 걸쭉하게 끓인다.
⑤ ④에 ②의 닭살을 넣어 끓어오르면 달걀을 풀어서 줄알을 친 후 석이버섯을 얹어서 낸다.

조리 Point
닭은 5~6cm 크기로 토막 내지 않고 2등분하여 삶아도 된다.

99 꽃게찜

재료 및 분량

꽃게 1마리, 소고기 50g, 두부 20g, 대추 1개

소 양념 : 소금 1/4작은술, 다진파, 마늘, 생강, 참기름, 깨소금, 후춧가루 약간

만드는법

① 꽃게는 솔로 문질러 씻어 등딱지를 뗀 다음 게살을 발라내고 몸체는 방망이로 밀어서 살을 발라낸다.
② 소고기는 곱게 다지고 두부는 곱게 으깬 후 물기를 제거하여 게살과 섞어 소 양념을 한다.
③ 꽃게 등딱지 안쪽에 식용유를 바르고 밀가루를 묻힌 후 ②의 재료를 골고루 넣어 꽃게 다리와 함께 끓는 찜통에 15분 정도 중불로 찐다.
④ 대추는 씨를 제거하고 채 썰어 쪄낸 꽃게찜 위에 고명으로 얹어 살짝 찐다.
⑤ 접시에 꽃게찜을 담고 꽃게 다리와 함께 담아낸다.

조리 Point

- 양파, 청·홍고추가 지급되면 다져서 소에 넣는다.
- 찹쌀가루가 지급되면 소를 넣고 찹쌀가루를 위에 뿌리고 찐다.
- 너무 센 불에 오래 찌면 등딱지 안에 소가 흘러나올 수 있다.

100 녹두죽

추천시간 **35분**

재료 및 분량

녹두 150g, 멥쌀 70g, 물 13컵, 소금 3/4작은술

만드는법

1. 멥쌀은 씻어 물에 1시간 정도 불려, 체에 밭쳐 10분 정도 물기를 뺀다.
2. 녹두는 씻어서 10배의 물을 붓고 1시간 이상 푹 무를 때까지 삶는다.
3. 삶은 ❷의 녹두는 체에 넣고 나무주걱으로 으깨어 내려서 남은 껍질은 버리고 거른 것은 그대로 두어 가라앉힌다.
4. 냄비에 불린 ❶의 멥쌀과 ❸의 녹두 앙금 웃물을 붓고 센 불에서 끓이다가 끓어오르면 약 불로 줄여서 가끔 저어주면서 끓인다.
5. 쌀알이 완전히 퍼지도록 끓으면 ❸의 가라앉은 녹두 앙금을 넣어서 잘 어우러지도록 끓인다.
6. 죽이 어우러지면 소금으로 간을 맞춘다.

조리 Point

- 녹두죽을 끓일 때 물 양은 불의 세기에 따라 달라질 수 있다.
- 멥쌀 대신 찹쌀가루가 지급될 수도 있다.

101 느타리버섯고추전

추천시간 25분

재료 및 분량

느타리버섯 200g, 꽈리고추 50g, 밀가루 50g, 달걀 2개, 산적꼬지 2개, 식용유 2큰술, 소금 적당량

느타리버섯 양념 : 소금 1/2작은술, 다진파 1작은술, 다진마늘 1/2작은술, 참기름 1작은술, 깨소금 1작은술
꽈리고추 양념 : 소금 1/4작은술, 참기름 1/2작은술

만드는 법

1. 느타리버섯은 밑둥을 자르고 끓는 물에 살짝 데쳐 물기를 제거하고 양념을 한다.
2. 꽈리고추는 꼭지를 떼고 끓는 소금물에 살짝 데쳐 찬물에 헹군 후 물기를 제거하고 양념을 한다.
3. 산적꼬지에 느타리버섯과 꽈리고추를 번갈아 꿰어 밀가루를 묻힌 후 달걀물을 입혀서 팬에 식용유를 두르고 지진다.
4. 식은 후 산적꼬지를 빼고 접시에 담아낸다.

조리 Point

- 느타리버섯이 클 경우 반으로 갈라서 사용한다.
- 앞면에는 밀가루와 달걀물을 조금만 묻혀야 색깔이 곱다.
- 소고기가 지급되면 버섯보다 1cm 길게 잘라 양념하여 팬에 지진 후 함께 꿰어서 지진다.

102 도라지대추나물

추천시간 20분

재료 및 분량

통도라지 3개, 대추 2개, 소금 1작은술, 식용유 1큰술, 물 3큰술, 참기름 1작은술, 깨소금 1작은술

도라지 양념 : 다진파 1작은술, 다진마늘 1/2작은술, 깨소금 1/2작은술, 참기름 1작은술

만드는 법

1. 도라지는 길이 6cm, 폭·두께 0.5cm 정도로 썰어 소금을 넣고 3분 정도 주물러서 8분 정도 두었다 쓴맛을 뺀 다음 물에 헹구어 물기를 짠다.
2. 도라지에 양념을 넣고 고루 무친다.
3. 대추는 돌려깍기하여 가늘게 채 썬다.
4. 팬에 식용유를 두르고 ②의 양념한 도라지를 넣고 볶다가 물 3큰술을 넣어 뚜껑을 덮어 가끔 저으면서 볶는다.
5. 도라지가 다 익으면 ③의 대추를 넣고 살짝 볶아준 후 참기름과 깨소금을 넣어 고루 섞어 담아낸다.

조리 Point

찢어진 도라지가 지급되면 가늘게 찢어서 사용한다.

103 백합(대합)죽

추천시간 **30분**

재료 및 분량
불린 쌀 1컵, 백합 1개, 물 6컵, 소금 1/2작은술, 참기름 1작은술, 물 6컵

만드는 법
1. 불린 쌀은 씻어서 물기를 빼고 쌀알이 반 정도 으깨지도록 방망이로 빻는다.
2. 백합은 소금으로 문질러 씻어서 끓는 물에 살짝 데쳐 백합살을 떼어 놓고, 내장을 떼어낸 후 적당한 크기로 썬다.
3. 냄비를 달구어 참기름을 두르고, ②의 다진 백합을 넣고 2분 정도 볶다가 불린 쌀을 넣고 쌀알이 투명해지도록 물을 약간씩 넣어가면서 볶은 다음, 6배 정도의 물을 부어 센 불에서 끓인다.
4. 한번 끓어오르면 약불로 낮추어 가끔 저으면서 20분 정도 끓인다.
5. 죽이 어우러지면 소금으로 간하여 그릇에 담고 고명으로 깨소금을 올려 낸다.

조리 Point
- 백합을 다지지 않고 얇게 저며서 넣기도 한다.
- 김이 지급되면 구워서 김가루를 만들어 고명으로 올린다.

104 삼색전 (호박전, 표고전, 생선전)

추천시간 30분

호박전

재료 및 분량 애호박 1/4개, 달걀 1개, 밀가루 50g, 소금, 식용유

만드는 법
1. 애호박은 0.5cm 두께로 둥글게 통 썰어 소금을 뿌려 둔다.
2. ①의 애호박에 밀가루를 묻힌 다음, 달걀물을 입혀 기름 두른 팬에 지진다. (p.128 참조)

표고전

재료 및 분량 불린 표고버섯 3장, 소고기 30g, 두부 15g, 달걀 1개, 밀가루 1큰술, 식용유
표고버섯 양념 : 간장 1/3작은술, 참기름 1작은술, 설탕 약간
소고기·두부 양념 : 소금 1/4작은술, 다진파 1/2작은술, 다진마늘 1/3작은술, 깨소금 1/4작은술, 참기름 1/4작은술, 후춧가루 약간

만드는 법
1. 표고버섯 안쪽에 옅은 칼집을 넣어 양념을 한다.
2. 표고버섯 안쪽에 밀가루를 묻히고 소를 채워 밀가루를 소에 묻힌 후 달걀물 입혀 지진다. (p.127 참조)

생선전

재료 및 분량 동태 1/2마리, 밀가루 2큰술, 달걀 1개, 흰 후춧가루 약간

만드는 법
1. 동태는 깨끗이 손질하여 물기를 닦아 3장 뜨기를 한 후 껍질을 제거한다.
2. 생선의 껍질 쪽은 도마에 놓고 가로 6cm, 세로 5cm, 두께 0.4cm 정도의 크기로 꼬리 쪽부터 포를 어슷하게 뜬다.
3. 포를 뜬 생선에 소금과 흰 후춧가루를 뿌린 후 밀가루를 묻히고 달걀물에 담가 기름 두른 팬에 지진다. (p.85 참조)

105 숙주채

추천시간 20분

재료 및 분량

숙주 150g, 미나리 30g, 배 1/6개, 소금 10g

편 육: 소고기(양지머리) 50g, 대파 흰 부분 10g, 마늘 1쪽
양념장: 식초 10ml, 설탕 10g, 깨소금 5g, 소금 약간

만드는 법

① 끓는 물에 대파, 마늘, 소고기(양지머리)를 함께 넣고 삶아서 편육을 완성한다.
② 숙주는 5cm 길이로 거두절미 손질하여 데쳐서 사용한다.
③ 미나리는 줄기 부위만 사용하여 끓는 물에 데친 후에 5cm로 손질한다.
④ 배, 편육은 5×0.5×0.2cm 크기 골패형 모양으로 썰어서 준비한다.
⑤ 양념장(식초, 설탕, 소금, 깨소금)으로 버무려 완성한다.

조리 Point

숙주, 미나리는 데쳐서 사용하고 미나리는 5cm 길이로 잘라 사용한다.

106 장떡

추천시간 15분

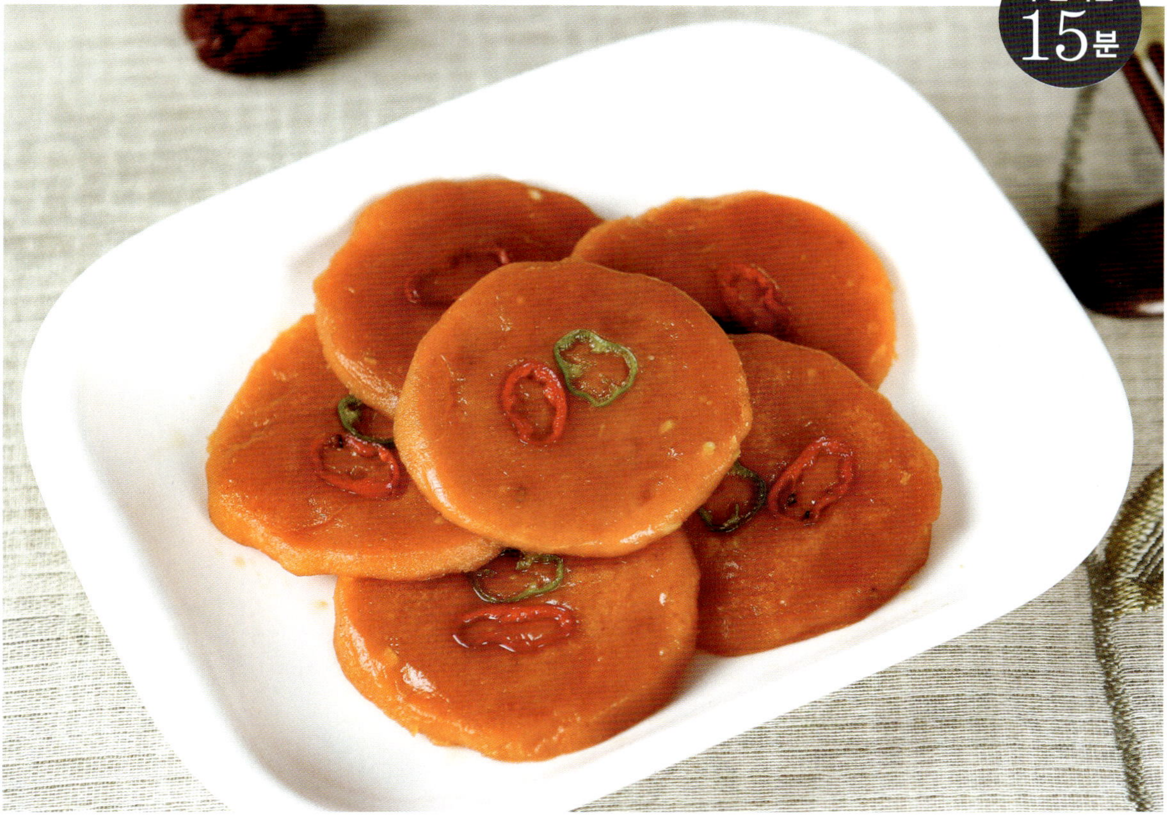

재료 및 분량

찹쌀가루 1컵, 된장 1큰술, 고추장 1큰술, 풋고추 1개, 홍고추 1개, 다진파 1큰술, 다진마늘 1/2작은술, 깨소금 1작은술, 참기름 1작은술, 식용유 1작은술

만드는 법

1. 풋고추와 홍고추는 씻어서 물기를 제거하고 얇게 통썰어 씨를 제거한다.
2. 된장과 고추장은 찬물에 풀어 찹쌀가루를 넣고 반죽을 한다.
3. ②에 풋고추, 홍고추, 다진파, 다진마늘, 깨소금, 참기름을 넣어 잘 섞는다.
4. 기름을 두른 팬에 ③을 지름 5cm 정도의 크기로 둥글게 하여 지져내고, 풋고추 · 홍고추로 장식을 한다.

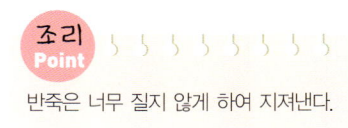

조리 Point

반죽은 너무 질지 않게 하여 지져낸다.

107 강란(생란, 생강란)

추천시간 **35분**

재료 및 분량
생강 150g, 설탕 80g, 물 1/2컵, 꿀(물엿) 1/2컵, 소금 약간, 잣 2큰술

만드는 법
1. 생강은 껍질을 벗기고 얇게 저며서 물을 넣고 곱게 갈아준다.
2. 생강 간 것을 물에 헹구어 체에 밭쳐 건더기만 따로 둔다.
3. 생강물은 그릇에 따로 받아 두어 생강 전분을 가라 앉힌다.
4. 냄비에 생강 건더기와 물, 설탕, 소금을 넣어 중불에서 끓이다가 약불로 서서히 조린다.
5. 생강이 거의 졸여지면 ❸의 가라앉힌 생강 전분을 넣고 고루 엉기게 한 다음 마지막으로 꿀(물엿)을 넣고 조금 더 졸인 후 식힌다.
6. 잣은 고깔을 따고 도마 위에 종이를 깔고 잣을 올려 곱게 다진다.
7. 조린 ❺의 생강은 손에 설탕물을 묻히면서 삼각뿔이 난 생강 모양으로 빚어 잣가루를 입혀 완성한다.

조리 Point
- 너무 오래 졸이면 강란이 단단해지므로 조심해야 한다.
- 생강을 끓일 때 생기는 거품은 걷어 내야 강란이 투명하다.

108 찰수수부꾸미

추천시간 **25분**

재료 및 분량

찹쌀가루(젖은 것) 100g, 수수가루 50g, 밤(껍질 있는 것) 7개, 대추(마른 것) 2개, 쑥갓 10g, 잣 10g, 꿀 10g, 계피가루 3g, 백설탕 60g, 소금 1작은술, 식용유 2큰술

집청시럽 : 백설탕 3T, 물 3T

만드는 법

1. 찹쌀가루(젖은 것)와 수수가루는 체에 내려 준비하고, 소금을 넣고 끓는 물에 익반죽하여 오래 치댄다.
2. 밤은 푹 무르게 삶아서 속껍질을 벗기고 방망이로 찧어 체에 내린다.
3. 내린 밤에 꿀, 계피가루를 넣어 버무리고 3×1.5cm 정도 크기로 부꾸미 소를 빚어 준비한다.
4. 설탕, 물을 넣어 집청시럽을 만들어 식혀 놓는다.
5. 대추는 씨를 발라내고 돌돌 말아서 폭 0.1cm 정도로 얇게 썰어 준비한다.
6. 쑥갓잎은 모양내어 작게 떼어 놓고 비늘잣을 준비한다.
7. 부꾸미는 직경이 6cm 정도 되게 빚어 팬에 식용유를 두르고 지진 후 익으면 뒤집어서 지져 가운데에 준비해 놓은 밤소를 넣고 숟가락으로 누르면서 반달 모양으로 지져서 익혀낸다.
8. 지져서 익혀낸 부꾸미에 대추, 쑥갓잎, 비늘잣을 올려 놓고 숟가락으로 눌러서 붙여낸다.
9. 완성 접시에 요구사항에 맞게 5개를 담아 시럽을 뿌려 낸다.

조리 Point

- 찹쌀가루와 수수가루를 체에 내려서 사용한다.
- 밤은 무르게 푹 삶아야 부드럽고 체에 내리기 쉽다.
- 대추, 쑥갓잎, 비늘잣으로 장식하고 시럽을 뿌려 낸다.

109 만두과

추천시간 30분

재료 및 분량

밀가루 2컵, 소금 1/3작은술, 후춧가루 약간,
참기름 3큰술, 꿀 4큰술, 생강즙 2큰술, 청주 2큰술

소 만들기 : 대추 20g, 꿀 1작은술, 계피가루 1/5작은술
즙청시럽 : 설탕 1/2컵, 물 1/2컵, 물엿 1큰술, 계피가루 1/8작은술

만드는 법

1. 밀가루를 체에 내린 후 소금, 후춧가루, 참기름을 넣고 비벼서 다시 체에 2번 정도 내린다.
2. 생강은 곱게 다져서 물 2큰술을 넣어 생강즙을 만든다.
3. 생강즙에 꿀(4큰술), 청주(2큰술)를 넣고 ①과 반죽을 한다.
4. 대추는 씨를 제거하고 곱게 다져서 꿀, 계핏가루를 넣고 반죽하여 소를 만들어 둥글게 빚는다.
5. 냄비에 즙청시럽 재료를 넣고 젓지 말고 끓여 물엿과 계피가루를 넣어 잘 섞어 준다.
6. ③의 반죽을 10g 정도씩 떼어서 준비한 소를 넣고 송편처럼 만들어 가장자리를 새끼처럼 꼬아주면서 모양을 만든다.
7. 꼬지로 구멍을 내어 튀길 때 터지지 않도록 한다.
8. 140℃ 정도 기름에 엷은 갈색이 날 때까지 서서히 튀겨 낸다.
9. 튀긴 만두과는 더울 때에 바로 즙청시럽에 담근다.
10. 단맛이 스며들면 체에 밭치고 완성접시에 담아낸다.

조리 Point

- 반죽의 농도는 모약과보다 조금 더 질게 하면 좋다.
- 반죽은 칼국수 반죽 농도처럼 하면 좋다.

110 닭온반

추천시간 25분

재료 및 분량

닭 1/4마리, 밥 1공기, 애호박 60g, 당근 60g, 건표고버섯(불린 것) 1개, 국간장 1작은술, 물 3컵, 소금 1/4 작은술

향미채소 : 대파(5cm) 1대, 마늘 3쪽, 생강 10g, 통후추 약간
삶은 닭 양념 : 국간장 1/2작은술, 다진파 1작은술, 다진마늘 1/2 작은술, 후춧가루 약간, 참기름 약간, 깨소금 약간
나물양념 : 간장, 다진파 1작은술, 다진마늘 1/2작은술

만드는 법

1. 닭은 깨끗이 씻어 물 3컵 정도 붓고 향미채소와 함께 삶는다.
2. 애호박은 껍질만 돌려깎기하여 길이 5cm 정도로 채 썰어 소금을 뿌린다.
3. 당근도 애호박과 동일하게 잘라 두고, 표고버섯은 포를 떠서 가늘게 채 썬다.
4. 닭은 건져서 가늘게 찢어서 양념하고 국물은 면포에 걸러 기름기를 제거하고 국간장과 소금으로 간하여 육수를 준비한다.
5. 애호박, 당근, 표고버섯은 나물양념으로 양념하여 팬에 애호박, 당근, 표고버섯 순으로 볶는다.
6. 밥 위에 닭고기, 애호박, 당근, 표고버섯을 올리고 육수를 붓는다.

조리 Point

- 흑임자가 제공되면 볶은 후 육수를 붓고 위에 뿌려 완성한다.

111 가지선

추천시간 30분

재료 및 분량
가지(중) 2개, 소고기 60g, 오이 100g, 당근 60g, 표고버섯 3개, 달걀 1개, 녹말가루 2큰술, 식용유 약간

소고기, 표고버섯 양념 : 간장 2작은술, 설탕 1작은술, 다진파 1작은술, 다진마늘 1/2작은술, 참기름 1/2작은술, 후춧가루 약간
소 양념 : 다진파 1작은술, 다진마늘 1/2작은술, 깨소금 1/3작은술, 소금 1/8작은술, 참기름 1/2작은술, 후춧가루 1/8작은술
겨자장(곁들임) : 숙성된 겨자 1작은술, 물·설탕·식초 1큰술, 간장·소금 약간

만드는법
1. 가지는 길게 반으로 자른 후 5cm 정도 길이로 잘라 어슷하게 칼집을 3번 넣어 소금물에 절인다.
2. 오이는 3cm로 잘라 돌려 깎아 0.2cm로 채 썰어 소금을 뿌린다.
3. 당근도 오이와 같은 크기로 썬다.
4. 표고버섯은 불려 오이와 같은 크기로 채 썰고, 소고기도 같은 크기로 채 썰어 양념한다.
5. 달걀은 황·백 지단으로 부쳐 오이와 같은 크기로 채 썰고, 절인 오이는 헹군 후 물기를 제거한다.
6. 팬에 식용유를 두르고 당근, 오이, 표고, 소고기 순으로 볶은 다음 다진파 1작은술, 다진마늘 1/2작은술, 깨소금 1/3작은술, 소금 1/8작은술, 참기름 1/2작은술, 후춧가루 약간을 넣고 양념한 후 황·백 지단을 섞어 소를 만든다.
7. 소금물에 절인 가지는 물로 헹군 후 물기를 제거하고 ⑥의 소를 칼집 사이에 끼운다.
8. ⑦의 소를 끼운 가지에 녹말가루를 살짝 뿌린 다음 3분 정도 찐다.
9. 초간장이나 겨자장을 곁들인다.

조리 Point
- 가지는 길이 4cm로 잘라 세우고, 깊이 2cm 정도의 십자로 칼집을 넣어 소금물에 30분 정도 절여서 물기를 닦은 후 소를 넣은 후에 녹말가루를 뿌리고 찜을 하기도 한다.

112 보쌈김치

추천시간 **35분**

재료 및 분량

절인 배추(500g) 1/6포기, 무(3cm) 50g, 밤(생 것, 껍질 깐 것) 1개, 배(30g) 1/10개, 실파(1뿌리) 20g, 마늘(깐 것) 2쪽, 생강 5g, 미나리(줄기 부분) 30g, 갓(적겨자 대체 가능) 20g, 대추(마른 것) 1개, 석이버섯(마른 것, 잎이 넓은 것 1장) 5g, 잣(깐 것) 5개, 생굴(껍질 벗긴 것) 20g, 낙지다리(1개, 해동지급) 50g, 고춧가루 20g, 소금(정제염) 5g, 새우젓 20g

양념 : 고춧가루 1큰술, 마늘 2쪽, 생강 5g, 소금 약간, 새우젓 1/2큰술

만드는 법

1. 절인 배추는 깨끗이 씻어 잎 부분은 보자기용으로, 줄기부분은 길이 3×3cm로 자른다.
2. 무는 0.3×3×3cm로 썰어 소금에 살짝 절인 후 찬물에 헹구어 물기를 빼서 준비하고, 배는 무와 같은 크기로 썰어 설탕물에 담가준다.
3. 갓·실파·미나리는 길이 3cm로 썰고, 마늘, 생강은 채썰고, 낙지는 소금물에 주물러 씻어서 길이 3cm로 자르고, 굴은 연한 소금물에 씻어 물기를 빼 준다.
4. 밤은 편썰고 대추는 씨 제거 후 채썰고, 석이버섯도 불려 채썰고 잣은 고깔을 떼어 준비해 놓는다.
5. 고춧가루에 물과 다진 새우젓을 섞어서 불려주다가 마늘채와 생강채, 소금을 넣고 잘 버무려 양념을 만든다.
6. 5에 무와 배추를 버무린 후 미나리·갓·실파·배·밤·굴·낙지를 버무리면서 소금으로 간을 맞추어 소를 준비한다.
7. 절인 배춧잎을 오목한 그릇에 겹치게 깔고 버무린 소를 놓고 그 위에(가운데) 석이버섯채, 대추채, 잣을 고명으로 얹어준 후, 배춧잎 가장자리를 보기 좋게 말아 넣은 다음 내용물이 보이도록 한다.
8. 6번 그릇에 물을 붓고 소금으로 간을 맞추어 김치 국물을 만들어 반 컵만(김치에 절반 정도 잠기도록) 보쌈김치 가장자리에 조심스럽게 부어낸다.

조리 Point

- 배춧잎을 말 때 양념이 묻지 않도록 주의하고, 배추를 잘 절여준다.
- 김치국물은 버무린 김치 중간에 붓고 나서 나머지를 채워야 김치양념이 일정해진다.

참고문헌

강인희, 한국의 떡과 과줄, 대한교과서, 1997.
강인희, 한국식생활사, 삼영사, 1990.
강인희, 한국인의 보양식, 대한교과서, 1995.
강인희, 한국의 맛, 대한교과서, 1987.
김덕희, 전통음식혼례음식, 생각그리기, 2000.
김덕희 외, 조리기능장 실기, 백산출판사, 2008.
농촌진흥연구원, 농촌진흥청, 2000.
배영희 외, 한국의 죽, 한림출판사, 2003.
신재용, 한국인의 건강식, 동화문화사, 1990.
식품재료학사전, 한국사전연구사, 1997.
신미혜 외, 한국의 전통음식, 백산출판사, 2010.
유태종, 식품보감, 문운당, 1991.
윤서석, 한국 식생활문화의 개요, 국민영향, 1988.
윤서석, 한국의 음식용어, 민음사, 1991.
윤숙경, 우리말조리어사전, 신광출판사, 1996.
윤숙자, 한국의 저장 발효음식, 신광출판사, 1998.
윤숙자, 한국의 떡·한과·음청류, 지구문화사, 1990.
윤숙자, 한국의 혼례음식, 지구문화사, 2001.
이순옥 외, 전통음식과 조리, 효일문화사, 1997.
이효지, 한국의 음식문화, 신광출판사, 1999.
왕준련, 한국요리백과, 범한출판사, 1986.
전경철 외, 한식조리산업기사 실기, 크라운출판사, 2013.
정지현 외, 한국음식대관 4권, 한국문화재보호재단, 2001.
정재홍, 고품격 한과와 음청류, 형설출판사, 2003.
한복려, 집에서 만드는 궁중음식, 청림출판사, 2004.
한복려, 떡과 과자, 대원사, 1989.
황혜성, 궁중음식 향토음식, 홍보문화사, 1980.
황혜성, 떡·한과·식혜·수정과, 주부생활, 2000.
황혜성, 한국의 전통음식, 사단법인궁중음식연구원, 1993.
황혜성 외, 한국음식대관 6권, 한국문화재보호재단, 1997.
황혜성 외, 3대가 쓴 한국의 전통음식, 교문사, 1918.
황혜성 외, 조선왕조 궁중음식, 사단법인 궁중음식연구원, 황혜성 외, 2003.
한국전통음식연구소, 아름다운 한국음식 300선, 질시루, 2008.
김덕희 외, 한식조리산업기사, 백산출판사, 2011.
강다현 회, 고급 한식조리, 도서출판유강, 2012.

한국산업인력공단 시행 새 출제기준에 따른 최신판

조리기능장
실기시험문제 한식편

책속부록
조리기능장
예상문제 50선

에듀크라운
www.educrown.co.kr

최고의 적중률!! 최고의 합격률!!
크라운출판사
조리·제과제빵 등 서비스 서적 사업부
http://www.crownbook.com

contents

예상문제 1	게감정, 대하찜, 삼색매작과, 월과채, 어만두	4
예상문제 2	도미면, 삼색경단, 계강과, 도라지나물, 호박오가리찌개	5
예상문제 3	골동반, 떡찜, 무맑은국, 우메기, 어채	6
예상문제 4	깨즙채, 우설찜, 오징어순대, 무말이강회, 과편	7
예상문제 5	구절판, 사슬적, 잣구리, 석류탕	8
예상문제 6	규아상, 연근정과, 임자수탕	9
예상문제 7	느타리버섯산적, 도미찜, 대추죽, 닭고기겨자채, 영양밥, 아욱된장국	10
예상문제 8	파전, 닭찜, 장김치, 온면, 새우겨자채, 양지머리편육	11
예상문제 9	대추단자, 삼합장과, 승기악탕, 콩나물무침	12
예상문제 10	모약과, 소고기편채, 장김치, 대추죽, 어만두	13
예상문제 11	소갈비구이, 대추초·밤초, 두부선, 편수	14
예상문제 12	대추초·밤초, 북어구이, 생율, 은행꽃이, 호두튀김	15
예상문제 13	대하잣즙무침, 밀쌈, 도라지정과, 도미찜, 석류탕	16
예상문제 14	삼색전(새우전, 생선전, 호박전), 조랭이떡국, 대하찜, 섭산삼	17
예상문제 15	대합구이, 주악, 버섯죽, 월과채, 어만두	18
예상문제 16	대합구이, 주악, 버섯죽, 월과채, 준치만두	19
예상문제 17	삼색전(새우전, 생선전, 호박전), 대합구이, 조랭이떡국, 섭산삼	20
예상문제 18	삼색전(새우전, 생선전, 호박전), 대합찜, 조랭이떡국, 섭산삼	21
예상문제 19	모약과, 두부선, 편수	22
예상문제 20	석류탕, 두부선, 장김치, 율란·조란, 어만두	23
예상문제 21	율란·조란, 장김치, 석류탕, 두부선	24
예상문제 22	두부전골, 죽순채, 떡수단, 병시, 양동구리	25
예상문제 23	떡갈비구이, 삼계탕, 밀쌈, 어만두	26
예상문제 24	떡갈비구이, 삼계탕, 삼색밀쌈, 어만두	27
예상문제 25	신선로, 삼색북어보푸라기, 떡수단, 월과채, 양동구리	28
예상문제 26	마른안주 – 다시마매듭자반, 생율, 은행꽃이, 호두튀김 젖은안주 – 오이선, 어선, 오징어솔방울구이, 북어구이, 장산적	29
예상문제 27	장산적, 오징어솔방울구이, 어선, 오이선, 다시마매듭자반	30
예상문제 28	면신선로, 삼색밀쌈, 원소병, 호박죽, 삼색전(생선전, 호박전, 표고전)	31
예상문제 29	청포묵무침, 오이감정, 옥수수전, 미나리강회, 임자수탕	32
예상문제 30	용봉탕, 사슬적, 장김치, 전복죽, 취나물	33
예상문제 31	신선로, 율란·조란	34
예상문제 32	파전, 온면, 양지머리편육, 장김치, 잡곡부침	35
예상문제 33	5첩반상(녹두빈대떡, 미역자반, 아욱된장국, 부추김치, 갈치조림, 너비아니구이, 명란젓찌개)	36
예상문제 34	궁중닭찜, 꽃게찜, 장김치, 장떡, 백합(대합)죽	38
예상문제 35	석류탕, 강란(생란, 생강란), 떡찜, 녹두죽, 도라지대추나물	39
예상문제 36	어선, 규아상 율란, 연근정과, 임자수탕	40
예상문제 37	면신선로, 대합구이, 어채, 우메기, 편수	41
예상문제 38	사슬적, 잣구리, 도라지정과, 떡갈비, 두부전골	42
예상문제 39	골동반, 석류탕, 월과채, 도라지정과, 게감정	43
예상문제 40	삼색밀쌈, 숙주채, 떡찜, 조랭이떡국, 대하잣즙무침	44
예상문제 41	대추죽, 겨자냉채, 아욱된장국, 느타리버섯고추전, 도미찜	45
예상문제 42	가지선, 꽃게찜, 사슬적, 삼계탕, 우메기	46
예상문제 43	대하잣즙무침, 도라지정과, 도미찜, 석류탕	47
예상문제 44	강란(생란, 생강란), 궁중닭찜, 느타리버섯산적, 어채, 조랭이떡국	48
예상문제 45	대추죽, 모약과, 소고기편채, 어만두, 양동구리	49
예상문제 46	가지선, 강란(생란, 생강란), 도라지대추나물, 떡찜, 석류탕	50
예상문제 47	강란(생란, 생강란), 궁중닭찜, 보쌈김치, 석류탕, 어만두	51
예상문제 48	게감정, 대하잣즙무침, 찰수수부꾸미, 어만두, 월과채	52
예상문제 49	만두과, 사슬적, 용봉탕, 장김치, 전복죽	53
예상문제 50	소갈비구이, 두부선, 율란·조란, 편수	54

부록 예상문제 1

조리기능장

게감정

게 육수 : 소고기(사태 또는 양지머리) 30g, 파 1/3대, 마늘 1개, 생강 1/2개, 물 4컵
소 양념 : 소금 1/2작은술, 생강즙 1/2작은술, 다진파 · 다진마늘 · 참기름 · 깨소금 · 후춧가루 약간

만드는 법

1. 소고기 육수 + 고추장, 된장, 다진마늘 → 게다리 + 자투리 + 무 넣고 끓인다.
2. 게 등딱지 → 안쪽에 식용유 → 밀가루 → 소 넣기 → 밀가루 → 달걀 노른자 → 팬에서 지진다.

대하찜

대하 양념 : 소금 1/2작은술, 청주 1큰술, 마늘즙 1작은술, 흰후춧가루 1/8작은술

만드는 법

1. 대하 → 등쪽으로 반을 가르고 내장 제거, 칼집 → 대하 양념을 한다.
2. 찜통 → 새우 찐다 → 고추, 석이버섯, 황 · 백지단을 올려 잠깐 김을 올려 담아낸다.

삼색매작과

설탕시럽 : 설탕 1/2컵, 물 1/2컵

만드는 법

밀가루는 다진생강을 넣고 3등분 한다 → 백년초가루, 녹차가루, 치자물을 넣어 각각 반죽 → 내천(川)자로 모양 → 튀기기 → 시럽 끼얹기 → 다진 잣 뿌려 담기

월과채

소고기 · 표고버섯 · 느타리버섯 양념 : 간장 1큰술, 설탕 1/2큰술, 다진파 · 다진마늘 · 참기름 · 깨소금 · 후춧가루 약간

만드는 법

1. 애호박은 눈썹모양으로 자른다.
2. 전병부치기 → 찹쌀가루 + 밀가루 + 소금물

어만두

소고기 · 목이버섯 · 표고버섯 양념 : 간장 1작은술, 설탕 1/2작은술, 다진파 · 다진마늘 · 참기름 · 깨소금 · 흰후춧가루 약간
만두소 양념 : 소금 · 다진파 · 다진마늘 · 참기름 · 깨소금 약간
초간장 : 간장 1큰술, 식초 1큰술, 설탕 1/2큰술

만드는 법

생선살 → 8×5×0.4cm(소금, 흰후춧가루) → 녹말 묻힌다 → 찜통에서 10분간 찐다.

부록 예상문제 2

조리기능장

도미면

육수 : 소고기(사태 또는 양지머리) 100g, 대파 1/2대, 마늘 2개 + 국간장 1작은술, 소금 1작은술
완자 양념 : 소금 · 다진파 · 다진마늘 · 참기름 · 후춧가루 약간

만드는 법

냄비에 삶은 고기를 깐다 → 위에 도미를 놓고 전유어를 원래의 모양대로 모아 담는다 → 준비한 재료 + 완자를 담는다 → 육수 부어 끓인다 → 쑥갓 올린다.

삼색경단

만드는 법

1. 반죽하기
   찹쌀가루 → 익반죽(소금물)하여 지름이 2cm로 잣 1개씩을 넣고 동그랗게 빚는다.
2. 경단 익히기
   끓는 물 → 찹쌀 경단 → 찬물에 담그기 → 꿀에 담근다.
3. 카스테라 고물, 팥계피 고물, 참깨 고물을 각각 경단에 묻힌다.

계강과

만드는 법

1. 반죽하기
   찹쌀가루 + 메밀가루 → 체에 내린다 → 설탕, 계핏가루, 다진생강 + 끓는 소금물(1~2큰술)로 익반죽
2. 생강 모양으로 빚는다 → 찜통에 찐다(15분 정도) → 팬에서 지진다(참기름).
3. 지져낸 계강과에 꿀을 바르고 잣가루를 묻힌다.

도라지나물

양념 : 소금 1작은술, 다진파 · 다진마늘 · 다진생강 약간

만드는 법

1. 도라지 → 소금을 넣고 주무른다.
2. 팬(식용유 + 도라지)에서 볶는다 → 물 3큰술 넣고 뚜껑 덮고 익힌다 → 참기름, 깨소금

호박오가리찌개

소고기 양념 : 간장 · 다진파 · 다진마늘 · 참기름 · 깨소금 · 후춧가루 약간

만드는 법

냄비 → 소고기 볶기(식용유) → 호박오가리 + 물 + 다진마늘 + 홍고추 넣어 끓인다 → 두부, 파 → 국간장 + 소금

부록 예상문제 3

조리기능장

골동반

도라지·고사리 양념: 국간장 1큰술, 다진파·다진마늘·참기름·깨소금 약간
소고기·표고버섯 양념: 간장·설탕·다진파·다진마늘·참기름·깨소금·후춧가루 약간
콩나물 양념: 소금·다진파·다진마늘·참기름·깨소금 약간
약고추장: 고추장·물·설탕 2큰술, 다진소고기

만드는 법
1. 밥 + 참기름 + 소금 + 재료(조금씩만 남기고 모두 넣어 비빈다)를 섞는다.
2. 1의 위에 나머지 재료를 얹어서 낸다.

떡찜

찜 양념장: 간장 3큰술, 설탕 2큰술, 다진파 1작은술, 다진마늘 1/2작은술, 참기름·깨소금·후춧가루 약간 + 육수 1컵
소고기 양념: 간장 1큰술, 설탕 1/2큰술, 다진파·다진마늘·참기름·깨소금·후춧가루 약간

만드는 법
떡 → 4~6cm 길이로 잘라 십자가 모양으로 양끝을 1cm 남기고 칼집 → 데친다 → 양념한 소고기를 칼집 사이에 끼워 넣는다.

무맑은국

소고기 양념: 국간장 1작은술, 다진파 1/2작은술, 다진마늘 1/4작은술, 참기름·후춧가루 약간

만드는 법
냄비에서 소고기를 볶다가 → 물(3컵) + 무를 넣고 끓인다 → 대파 + 마늘 → 소금 + 국간장

우메기

집청: 물엿 1컵, 꿀 1큰술, 물 1큰술

만드는 법
1. 찹쌀가루 + 멥쌀가루 + 소금 + 설탕 → 체에 내린다 → 막걸리 + 뜨거운 물 넣어 반죽한다.
2. (140℃) 지지듯이 노릇하게 튀긴다 → 집청 → 대추 고명

어채

흰살 생선 밑간: 생강즙 1작은술, 청주 1큰술, 소금 1/2작은술, 흰후춧가루 1/8작은술
초고추장: 고추장 2큰술, 간장 1/2작은술, 식초 1/2큰술, 설탕 1/2큰술, 마늘즙 1작은술, 생강즙 1/2작은술 + 잣가루 1작은술

만드는 법
(홍고추, 오이, 표고버섯, 석이버섯, 생선 → 녹말 묻힌다 → 끓는 물에 넣어 익힌다 → 찬물에 헹군다) → 2~3회 반복한다.

부록 예상문제 4

조리기능장

깨즙채

향미채소 : 대파 1/2대, 마늘 2개, 생강 1/2개
깨즙소스 : (볶은 깨 1/2컵, 닭육수 1/2컵) + 식초 2큰술, 설탕 1큰술, 소금 1작은술

만드는 법

1. 닭 + 향미채소 넣고 삶는다 → 국물은 면포에 걸러 두고 살은 굵직하게 찢는다.
2. 양상추, 오이, 셀러리, 배, 밤 + 깨즙소스 → 달걀은 나중에 넣어서 버무린다.

우설찜

찜 양념 : 간장 3큰술, 설탕 2큰술, 다진파·다진마늘·참기름·깨소금 약간, 생강즙 1작은술, 건고추 1개, 통후추 2개
향미채소 : 대파 1/3대, 마늘 2개, 생강 1/3개 양파 약간

만드는 법

당근, 밤, 양파, 표고버섯 + 양지머리육수 1컵과 찜 양념장(1/2) → 양지머리 + 우설 + 찜 양념장(1/2)을 넣고 조린다. → 은행 + 황·백지단 고명

오징어순대

소 양념 : 소금·다진파·다진마늘·참기름·깨소금·후춧가루 약간, 달걀흰자 1큰술

만드는 법

오징어 → 속을 뒤집어 물기 제거 → 밀가루 → 소 넣기(꼬치로 입구 막기) → 꼬치로 군데군데 찔러 쪄 낸다 → 식혀서 썬다.

무말이강회

단촛물 : 물 1/2컵, 식초 3큰술, 설탕 3큰술, 소금 1작은술
오이·당근·표고버섯·셀러리 밑간 : 설탕·소금 약간

만드는 법

1. 무 → 단촛물에 절인다.
2. 절인 무 → 준비한 재료 넣고 만다.

과편

딸기과편 : 딸기즙 2컵, 설탕 1/2컵, 녹두녹말가루 1/2컵, 소금 1/3작은술
포도과편 : 포도즙 2컵, 설탕 1/2컵, 녹두녹말가루 1/2컵, 소금 1/3작은술
오렌지과편 : 오렌지즙 2컵, 설탕 1/2컵, 녹두녹말가루 1/2컵, 소금 1/3작은술

만드는 법

1. 과일 + 물 3컵 끓인다 → 2컵을 만든다.
2. 식힌 과즙 1컵 + 녹말가루 1/2컵을 풀어 고운 체에 받쳐 놓는다.
3. 나머지 과즙 1컵 + 설탕 1/2컵, 소금 1/3작은술을 넣고 끓인다.
4. 3의 과즙에 + 2의 녹두녹말을 푼 물을 조금씩 부어 끓인다.

부록 예상문제 5

조리기능장

구절판

밀전병 : 밀가루 5큰술, 물 5큰술, 소금 1/2작은술
소고기 · 표고버섯 양념 : 간장 1작은술, 설탕 1/2작은술, 다진파 · 다진마늘 · 참기름 · 깨소금 · 후춧가루 약간
겨자장 : 숙성된 겨자 1큰술, 식초 3큰술, 설탕 1큰술, 소금 1/3작은술, 간장 1/5작은술

만드는 법

1. 밀가루에 소금물로 반죽하여 체에 내린다.
2. 밀전병은 지름 6cm로 만든다.
3. 팬 → 황 · 백지단 → 오이 → 당근 → 석이버섯 → 표고버섯 → 소고기 순으로 볶는다.
4. 그릇 → 밀전병 → 3을 돌려 담는다.

사슬적

생선살 양념 : 간장 1큰술, 소금 1/4작은술, 다진파 · 다진마늘 · 다진생강 약간
초간장 : 간장 1큰술, 식초 1/2큰술, 설탕 1/2큰술

만드는 법

1. 생선살 → 7×1×0.7cm → 생선살 양념
2. 꼬지에 끼우기 : 생선살(밀가루) → 양념한 고기 → 생선살(밀가루) → 양념한 고기 → 생선살
3. 잣 → 곱게 다진다.

잣구리

깨소 : 깨 1큰술, 소금 1/8작은술, 꿀 1작은술, 계핏가루 1/4작은술
밤소 : 밤 3개, 소금 1/8작은술, 꿀 1작은술, 계핏가루 1/4작은술
고물 : 잣

만드는 법

찹쌀가루 + 소금 → 익반죽 → 소 넣어 동전 크기로 만들기 → 가운데를 눌러 누에고치 모양 만들기 → 끓는 물에서 익히기 → 잣가루 묻혀내기

석류탕

육수 : 소고기(사태) 30g, 대파 1/3대, 마늘 1개 + 국간장 · 소금 약간
만두소 양념 : 소금 · 다진파 · 다진마늘 · 참기름 · 깨소금 · 후춧가루 약간

만드는 법

1. 소 만들기 → 다진 소고기 + 다진 닭살 + 표고버섯(채), 무채, 미나리, 숙주, 두부
2. 반죽(직경 7cm) 민다 → 소 넣기 → 잣 + 주머니 모양 → 육수를 끓인다 → 만두를 넣어 익힌다 → 지단을 띄워낸다.

부록 예상문제 6

조리 기능장

규아상

소고기·표고버섯 양념: 간장 1큰술, 설탕 1/2큰술, 다진파·다진마늘·참기름·깨소금·후춧가루 약간
초간장: 간장 1큰술, 식초 1/2큰술, 설탕 1/2큰술

만드는 법

1. 밀가루 반죽은 0.1cm 크기로 밀어 지름 8cm 만두피를 만든다.
2. 만두소 → 오이(채), 다진 소고기, 표고버섯(채), 비늘잣
3. 만두피 → 소를 넣고 해삼 모양으로 주름을 잡아 가며 빚는다.
4. 만두 → 찜통에 10분간 찐다.

임자수탕

닭고기 육수: 닭 1/2마리, 생강 1/2개, 대파 1/2대, 마늘 2개
소고기 완자 양념: 소금·다진파·다진마늘·참기름·깨소금·후춧가루 약간
깻국: 닭육수 3컵, 흰깨 1컵, 소금 1작은술, 흰후춧가루 약간

만드는 법

1. 닭고기 → 소금 + 흰후춧가루
2. 오이, 홍고추, 표고버섯 → 녹말가루 → 끓는 물 → 찬물에 헹군다.
3. 소고기 → 1cm 완자 → 밀가루, 달걀물
4. 닭고기 → 오이, 표고버섯, 홍고추, 지단, 미나리 초대 → 깻국 붓고 → 잣 + 완자 넣기

예상문제 6

연근정과

설탕물: 설탕 1/2컵, 물 1/2컵

만드는 법

연근 → 데친다(식초) → 설탕물 + 소금 → 조린다 → 1/3로 줄어들면 조청을 넣는다.

부록 예상문제 7

조리기능장

느타리버섯산적

소고기 양념 : 간장 · 설탕 · 다진파 · 다진마늘 · 참기름 · 깨소금 · 후춧가루 약간
느타리버섯 · 쪽파 양념 : 소금 · 참기름 약간

만드는 법
1. 느타리버섯은 데친다 → 소금, 참기름
2. 쪽파는 6cm 길이로 썬다 → 소금, 참기름
3. 느타리버섯, 쪽파, 소고기를 번갈아 끼워 석쇠에 얹어서 굽는다.

도미찜

도미 밑간 : 소금 1작은술, 생강즙 1작은술, 흰후춧가루 1/2작은술
소고기 양념 : 간장 1작은술, 설탕 1/2작은술, 다진파 · 다진마늘 · 참기름 · 깨소금 · 후춧가루 약간

만드는 법
도미 → 양면에 2cm 간격으로 칼집 → 밑간 → 칼집 사이에 양념한 소고기를 넣는다 → 찐다 → 오색고명을 얹어 한 김을 올린다.

대추죽

만드는 법
1. 대추씨 + 4컵의 물 → 3컵이 될 때까지 끓인다.
2. 1의 대추 육수 + 대추살 → 1컵이 될 때까지 끓여 체에 내린다 → 찹쌀물을 붓는다 → 소금, 꿀 → 대추 고명

닭고기겨자채

겨자즙 : 숙성된 겨자 1큰술, 설탕 3큰술, 식초 3큰술, 간장 2/3작은술, 소금 1/2작은술

만드는 법
(닭고기, 배, 밤, 당근, 오이, 양배추) + 겨자즙 → 지단은 나중에 넣어 버무린다 → 잣을 뿌린다.

영양밥

양념장 : 간장 1큰술, 설탕 1/4큰술, 다진쪽파 1작은술, 다진마늘 1/2작은술, 깨소금 1작은술, 참기름 1/2작은술, 후춧가루 약간

만드는 법
솥 → 불린 쌀을 넣는다 → 재료(은행 제외) + 끓는 물 → 끓인다 → 은행 넣고 뜸을 들인다.

아욱된장국

국물 : 된장 2큰술, 다진파 1작은술, 다진마늘 1/2작은술, 소금 · 국간장 약간

만드는 법
1. 아욱 → 줄기와 껍질을 벗긴 후 주물러 씻는다.
2. 멸치 + 마른 새우 끓인다 → 된장 + 아욱 → 다진파, 다진마늘 + 소금 + 국간장

부록 예상문제 8

조리기능장

파전

밀가루 반죽 : 밀가루 150g, 멥쌀가루 100g, 달걀 1개, 소금 1/2작은술, 물 1컵 정도
소고기 양념 : 간장 1작은술, 설탕 1/2작은술, 다진파 · 다진마늘 · 참기름 · 깨소금 · 후춧가루 약간

만드는 법

팬(기름) → 실파 + 밀가루 → 밀가루 반죽 → 조갯살, 굴, 홍합 → 홍고추 + 밀가루반죽 → 달걀 묻히기

닭찜

닭고기 양념장 : 간장 2큰술, 설탕 1큰술, 다진파 · 다진마늘 · 다진생강 · 참기름 · 깨소금 · 후춧가루 약간 + 물 140ml

만드는 법

1. 닭은 4~5cm 크기로 잘라 물에 데친다.
2. 닭찜 만들기
   양념장 → 닭, 당근, 양파, 표고버섯 넣고 윤기 나게 조려 낸다.

장김치

만드는 법

배추, 무 절인다(간장) → 물 2컵 + 절였던 간장 3큰술 + 소금 + 설탕 → 준비된 재료를 넣는다.

온면

양지머리 육수 : 소고기 50g, 대파 1/2대, 마늘 1개, 통후추 + 국간장 · 소금 약간

만드는 법

국수 사리(토렴) 담는다 → 고명 : 소고기 + 호박 + 황 · 백지단 + 실고추 + 석이버섯 → 장국 붓기

새우겨자채

겨자즙 : 숙성된 겨자 1큰술, 식초 3큰술, 설탕 3큰술, 간장 1/6작은술, 소금 1/4작은술

만드는 법

1. 새우 → 내장을 제거하고 데쳐서 편썬다.
2. 새우 + 나머지 재료 → 겨자즙을 넣어 버무린다.

양지머리편육

초간장 : 간장 1큰술, 식초 1큰술, 설탕 1/2큰술

만드는 법

양지머리 → 삶는다 → 젖은 면포에 싼다 → 편편한 무거운 것으로 눌러 모양을 잡는다 → 고기 반대결로 얇게 저민다.

부록 예상문제 9

조리기능장

대추단자

고물 : 대추 6개
소 : 밤 3개, 계핏가루 1/2작은술, 꿀 1/2큰술

만드는 법

1. 대추 → 곱게 다져서 + 찹쌀가루 → 찐다.
2. 밤 + 계핏가루 + 꿀 → 막대 모양으로 길게 만든다.
3. 1의 찹쌀반죽 → 2의 밤소 넣는다 → 자른다 → 꿀을 묻혀 + 대추 채고명 묻힌다.

삼합장과

소고기 양념 : 간장 1½작은술, 설탕 1작은술, 다진파·다진마늘·다진생강·참기름·후춧가루 약간
조림 양념장 : 간장 2큰술, 설탕 1큰술, 물 2큰술, 후춧가루 약간

만드는 법

냄비 → 조림 양념장 → 소고기 → 홍합, 전복, 해삼 → 파, 마늘, 생강 → 참기름 + 잣가루를 뿌려낸다.

예상문제 9

승기악탕

육수 : 소고기(양지머리) 100g, 대파 1/2대, 마늘 2개 + 국간장 1작은술, 소금 1/2작은술
유장 : 참기름 2큰술, 간장 1큰술
소고기 양념 : 소금·설탕·다진파·다진마늘·참기름·깨소금·후춧가루 약간

만드는 법

1. 도미 → 비늘, 내장을 제거 → 1cm 간격으로 칼집 → 유장을 발라 굽는다.
2. 냄비 → 도미 + 그 위에 준비한 채소와 고기, 떡, 황·백지단 담는다 → 육수 부어 끓인다(쑥갓).

콩나물무침

콩나물 양념 : 다진파·다진마늘·깨소금·참기름·소금 약간

만드는 법

콩나물 + 콩나물 양념 → 실고추 얹어낸다.

부록 예상문제 10

조리기능장

모약과

반죽 양념 : 청주 1큰술, 꿀 4큰술, 생강즙 1큰술, 소금 1/2작은술, 계핏가루 1/2작은술
집청 : 물엿(또는 조청) 1컵, 물 2큰술, 생강즙 1/2큰술

만드는 법

밀가루(2컵) + 소금(1/2작은술) + 설탕(1큰술)을 넣고 체에 내린다 → 참기름(3큰술)을 넣고 체에 내린다 → 반죽양념을 넣어 반죽한다 → 튀긴다 → 집청에 담근다 → 잣

소고기편채

소고기 밑간 : 맛술 1큰술, 소금 1작은술, 마늘즙 1작은술, 후춧가루 약간
겨자장 : 숙성된 겨자 1큰술, 식초 3큰술, 설탕 3큰술, 소금 1/2작은술, 간장 약간

만드는 법

1. 소고기 → 얇게 포를 떠서 밑간을 한다 → 찹쌀가루 묻힌다 → 팬(식용유) 지져내어 식힌다.
2. 고기 + 준비한 오이, 양파, 당근, 깻잎, 무순, 팽이버섯 넣어 만다.

장김치

만드는 법

배추, 무 절인다(간장) → 물 2컵 + 절였던 간장 3큰술 + 소금 + 설탕 → 준비된 재료를 넣는다.

대추죽

만드는 법

1. 대추씨 + 물 4컵 → 3컵이 될 때까지 끓인다.
2. 1의 대추 육수 + 대추살 → 1컵이 될 때까지 끓여 체에 내린다 → 찹쌀물을 붓는다 → 소금, 꿀 → 대추 고명

어만두

소고기 · 목이버섯 · 표고버섯 양념 : 간장 1작은술, 설탕 1/2작은술, 다진파 · 다진마늘 · 참기름 · 깨소금 · 흰후춧가루 약간
만두소 양념 : 소금 · 다진파 · 다진마늘 · 참기름 · 깨소금 약간
초간장 : 간장 1큰술, 식초 1큰술, 설탕 1/2큰술

만드는 법

생선살 → 8×5×0.4cm(소금, 흰후춧가루) → 녹말 묻힌다 → 찜통에서 10분간 찐다.

부록 예상문제 11

조리기능장

소갈비구이

양념장 : 간장 3큰술, 설탕 2큰술, 배즙 1큰술, 양파즙 1큰술, 다진파 · 다진마늘 · 참기름 · 깨소금 · 후춧가루 약간

만드는 법

1. 갈비뼈의 한쪽 면을 살이 붙어 있도록 저민다 → 대각선 칼집을 깊숙이 넣는다 → 갈비는 양념장에 적셔 고르게 무쳐 재워 놓는다.
2. 석쇠 → 갈비를 굽는다 → 잣가루를 뿌린다.

대추초 · 밤초

대추초 - 만드는 법

1. 대추는 돌려깎기 하여 씨를 뺀다.
2. 대추 안쪽에 꿀을 바른다 → 잣을 3~4개 채워 말아서 오므린다.
3. 냄비 → 대추, 꿀 3큰술을 넣고 조린다.
4. 조려진 대추 → 양쪽 끝에 잣을 박아 담아낸다.

밤초 - 만드는 법

1. 밤은 모양내어 깎은 후 끓는 소금물에 데친다.
2. 조리기
   냄비 → 밤, 꿀(2큰술)을 넣고 서서히 조린다.

두부선

전체 양념 : 소금 1/2작은술, 다진파 · 다진마늘 · 참기름 · 깨소금 · 후춧가루 약간
고명 : 황 · 백지단, 표고버섯, 실고추, 석이버섯, 비늘잣
초간장 : 간장 1큰술, 식초 1/2큰술, 설탕 1/2큰술

만드는 법

1. 전체 양념 → 두부 + 닭고기 + 홍고추 + 풋고추
2. 젖은 면포 → 두께 1cm 크기로 네모지게 고루 펴기 → 고명 얹기 → 찌기

편수

육수 : 소고기 30g, 대파 1/2대, 마늘 2개, 통후추 약간, 물 + 국간장 · 소금 약간
소고기 · 표고버섯 양념 : 간장 1큰술, 설탕 1/2큰술, 다진파 · 다진마늘 · 참기름 · 깨소금 · 후춧가루 약간
초간장 : 간장 1큰술, 설탕 1/2큰술, 식초 1큰술

만드는 법

1. 만두피 → 지름 8cm 크기의 정사각형
2. 소 만들기 → 숙주, 오이, 호박, 소고기, 표고버섯
3. 만두피 → 소를 넣고 잣을 얹어 → 네 귀를 모아 네모지게 빚는다 → 찐다(10분).
4. 편수를 찬 육수에 띄우고 지단을 고명으로 얹는다.

부록 예상문제 12

조리 기능장

대추초 · 밤초

대추초 − 만드는 법

1. 대추는 돌려깎기 하여 씨를 뺀다.
2. 대추 안쪽에 꿀을 바른다 → 잣을 3~4개 채워 말아서 오므린다.
3. 냄비 → 대추, 꿀 3큰술을 넣고 조린다.
4. 조려진 대추 → 양쪽 끝에 잣을 박아 담아낸다.

밤초 − 만드는 법

1. 밤은 모양내어 깎은 후 끓는 소금물에 데친다.
2. 조리기
   냄비 → 밤, 꿀(2큰술)을 넣고 서서히 조린다.

북어구이

유장 : 참기름 1큰술, 간장 1작은술
고추장 양념 : 고추장 1큰술, 설탕 1/2큰술, 다진파 · 다진마늘 · 깨소금 · 후춧가루 약간

만드는 법

1. 북어포 손질하기
   ① 지느러미, 검은 막, 머리 제거
   ② 북어포 → 물에 잠깐 불린 후 물기를 눌러 짠다.
   ③ 뼈를 제거 후 6cm로 토막 내어 껍질 부분에 칼집을 넣는다.
2. 유장 발라 애벌구이한 다음 고추장 양념을 발라 굽는다.

생율

만드는 법

1. 밤은 겉껍질과 속껍질을 물에 씻어 가면서 말끔히 벗긴다.
2. 칼로 밤의 위와 아래를 반듯한 모양이 되도록 다듬는다.

은행꽂이

만드는 법

팬 → 식용유 + 소금 + 은행 볶는다 → 속껍질을 벗긴다 → 꼬치에 3개씩 끼우고 잣으로 마무리한다.

호두튀김

만드는 법

뜨거운 물에 불려 꼬치로 껍질을 벗긴다 → 녹말가루 → 튀긴다 → 소금과 설탕을 뿌린다.

부록 예상문제 13

조리기능장

대하잣즙무침

향미채소 : 대파 1/2대, 마늘 1개, 생강 1/3개
대하 밑간 : 청주 1큰술, 흰후춧가루 1/2작은술, 소금 1/2작은술
잣즙소스 : 잣 2큰술, 대하 육즙 2큰술, 소금 2/3작은술, 참기름 2작은술, 흰후춧가루 1/5작은술

만드는 법

대하 → 내장을 제거 → 접시에 담아 밑간 → 대파, 마늘, 생강을 편썰어 얹어 찐다(이때 나오는 육즙으로 소스를 만든다) → 포를 뜬다.

밀쌈

소고기·표고버섯 양념 : 간장·설탕·다진파·다진마늘·참기름·깨소금·후춧가루 약간
밀전병 : 밀가루 1/2컵, 물 1/2컵, 소금 1작은술
겨자초간장 : 발효겨자 1작은술, 식초 1큰술, 설탕 1큰술, 소금 1/3작은술, 간장 1/6작은술

만드는 법

1. 밀가루는 소금물로 묽게 개어 밀전병을 넓고 얇게 부친다.
2. 밀전병 → 당근, 오이, 죽순, 소고기, 표고버섯 → 지름 2cm 정도로 말아서 4cm 길이로 썬다.

도라지정과

시럽 : 물 1컵, 설탕 2큰술, 물엿 1큰술, 꿀 1/3큰술

만드는 법

1. 도라지 → 껍질을 벗기기 → 자르고 쓴맛 제거 → 소금물 데치기
2. 시럽 만들어 조리기 : 냄비 → 물(1컵) + 도라지 + 설탕(2큰술) 넣어 끓어 오르면 → 약불 → 은근하게 조린다 → 물엿(1큰술) → 꿀(1/3큰술) → 윤기나게 조린다.

도미찜

도미 밑간 : 소금 1작은술, 생강즙 1작은술, 흰후춧가루 1/2작은술
소고기 양념 : 간장 1작은술, 설탕 1/2작은술, 다진파·다진마늘·참기름·깨소금·후춧가루 약간

만드는 법

도미 → 양면에 2cm 간격으로 칼집 → 밑간 → 칼집 사이에 양념한 소고기를 넣는다 → 찐다 → 오색 고명을 얹어 한 김을 올린다.

석류탕

육수 : 소고기(사태) 30g, 대파 1/3대, 마늘 1개, 국간장·소금 약간
만두소 양념 : 소금·다진파·다진마늘·참기름·깨소금·후춧가루 약간

만드는 법

1. 소 만들기 → 다진 소고기 + 다진 닭고기살 + 표고버섯(채), 무채, 미나리, 숙주, 두부
2. 반죽(직경 7cm) 민다 → 소 넣기 → 잣 + 주머니 모양 → 육수를 끓인다 → 만두를 넣어 익힌다 → 지단을 띄워낸다.

부록 예상문제 14

삼색전(새우전, 호박전, 생선전)

새우전 – 만드는 법

새우 → 배쪽에 칼집을 넣어 잔칼집 → 소금 + 흰후춧가루 → 밀가루 → 달걀물 → 지져 낸다.

호박전 – 만드는 법

1. 애호박 → 0.5cm 두께로 둥글게 통 썰어 소금을 뿌려둔다.
2. 애호박 → 밀가루 → 달걀물을 씌워 지져 낸다.

생선전 – 만드는 법

생선손질(3장뜨기) → 소금 + 흰후춧가루 밑간 → 밀가루 → 달걀물 입혀 지진다.

조랭이떡국

소고기편육 양념 : 소금 · 다진파 · 다진마늘 · 참기름 · 깨소금 · 후춧가루 약간
육수 : 소고기(양지머리) 50g, 물 5컵, 생강 · 대파 · 마늘 + 국간장 · 소금 약간

만드는 법

멥쌀가루 + 소금물 → 찐다 → 2cm 정도로 끊어 가운데를 문질러 0.5cm 두께로 비벼 누에고치 모양으로 만든다 → 장국에 넣어 끓인다 → 고기, 지단, 대파채, 실고추 얹어 낸다.

대하찜

대하 양념 : 소금 1/2작은술, 청주 1큰술, 마늘즙 1작은술, 흰후춧가루 1/8작은술

만드는 법

1. 대하 → 등쪽으로 반을 가르고 내장 제거, 칼집 → 대하 양념을 한다.
2. 찜통 → 새우 찐다 → 고추, 석이버섯, 황 · 백지단을 올려 잠깐 김을 올려 담아낸다.

섭산삼

초간장 : 간장 1큰술, 설탕 1큰술, 식초 1큰술

만드는 법

더덕 → 소금물에 담근다 → 방망이로 두들겨 넓게 편다 → 찹쌀 가루 묻혀 튀겨 낸다.

부록 예상문제 15

조리기능장

대합구이

소 양념 : 소금 1/2작은술, 다진파·다진마늘·참기름·깨소금·후춧가루 약간
초간장 : 간장 1큰술, 식초 1큰술, 설탕 1/2큰술

만드는 법

1. 소 만들기 → 소고기, 두부, 조갯살, 대합살을 섞어 소 양념한다.
2. 대합 껍질(식용유 + 밀가루) → 소를 채워 밀가루 + 달걀물을 입혀 팬에서 지진다 → 석쇠에 얹어 굽는다 → 쑥갓잎 + 달걀물 입힌다.

주악

대추소 : 대추 5개, 계핏가루 1/2작은술, 꿀 2작은술
깨소 : 깨소금 2큰술, 계핏가루 1/2작은술, 꿀 2작은술

만드는 법

1. 찹쌀가루 + 소금 → 3등분하기 → 익반죽(식용색소)
2. 반죽 떼어 소 넣어 송편 모양 만들기 → 140℃ 정도의 식용유에 지지듯이 튀긴다 → 꿀에 담근다.

버섯죽

소고기·표고버섯 양념 : 간장 1작은술, 다진파·다진마늘·후춧가루 약간

만드는 법

냄비(참기름)에 소고기 + 표고버섯 → 쌀 → 국간장 + 소금 → 고명(버섯)

월과채

소고기·표고버섯·느타리버섯 양념 : 간장 1큰술, 설탕 1/2큰술, 다진파·다진마늘·참기름·깨소금·후춧가루 약간

만드는 법

1. 애호박은 눈썹모양으로 자른다.
2. 전병부치기 → 찹쌀가루 + 밀가루 + 소금물

어만두

소고기·목이버섯·표고버섯 양념 : 간장 1작은술, 설탕 1/2작은술, 다진파·다진마늘·참기름·깨소금·흰후춧가루 약간
만두소 양념 : 소금·다진파·다진마늘·참기름·깨소금 약간
초간장 : 간장 1큰술, 식초 1큰술, 설탕 1/2큰술

만드는 법

생선살 → 8×5×0.4cm(소금, 흰후춧가루) → 녹말 묻힌다 → 찜통에서 10분간 찐다.

부록 예상문제 16

조리기능장

대합구이

소 양념: 소금 1/2작은술, 다진파·다진마늘·참기름·깨소금·후춧가루 약간
초간장: 간장 1큰술, 식초 1큰술, 설탕 1/2큰술

만드는 법

1. 소 만들기 → 소고기, 두부, 조갯살, 대합살을 섞어 소 양념한다.
2. 대합 껍질(식용유 + 밀가루) → 소를 채워 밀가루 + 달걀물을 입혀 팬에서 지진다 → 석쇠에 얹어 굽는다 → 쑥갓잎 + 달걀물 입힌다.

주악

대추소: 대추 5개, 계핏가루 1/2작은술, 꿀 2작은술
깨소: 깨소금 2큰술, 계핏가루 1/2작은술, 꿀 2작은술

만드는 법

1. 찹쌀가루 + 소금 → 3등분하기 → 익반죽(식용색소)
2. 반죽 떼어 소 넣어 송편 모양 만들기 → 140℃ 정도의 식용유에 지지듯이 튀긴다 → 꿀에 담근다.

버섯죽

소고기·표고버섯 양념: 간장 1작은술, 다진파·다진마늘·후춧가루 약간

만드는 법

냄비(참기름)에 소고기 + 표고버섯 → 쌀 → 국간장 + 소금 → 고명(버섯)

월과채

소고기·표고버섯·느타리버섯 양념: 간장 1큰술, 설탕 1/2큰술, 다진파·다진마늘·참기름·깨소금·후춧가루 약간

만드는 법

1. 애호박은 눈썹모양으로 자른다.
2. 전병부치기 → 찹쌀가루 + 밀가루 + 소금물

준치만두

준치살 양념: 소금·참기름·후춧가루·생강즙 약간
소고기 양념: 간장 1작은술, 설탕 1/2작은술, 다진파·다진마늘·참기름·깨소금·후춧가루 약간
초간장: 간장 1큰술, 식초 1/2큰술, 설탕 1/2큰술

만드는 법

1. 준치 → 비늘, 내장, 껍질 제거 → 찐다 → 살만 발라서 다진 다음 양념한다.
2. 준치살 + 볶은 고기 + 달걀흰자 + 녹말가루 + 잣 2개씩 → 직경 2.5cm의 크기로 둥글게 빚는다 → 녹말가루 묻힌다 → 찐다 → 담는다(쑥갓).

부록 예상문제 17

조리
기능장

삼색전

새우전 – 만드는 법
새우 → 배쪽에 칼집을 넣어 잔칼집 → 소금 + 흰후춧가루 → 밀가루 → 달걀물 → 지져 낸다.

호박전 – 만드는 법
1. 애호박 → 0.5cm 두께로 둥글게 통 썰어 소금을 뿌려 둔다.
2. 애호박 → 밀가루 → 달걀물을 씌워 지져 낸다.

생선전 – 만드는 법
생선손질(3장뜨기) → 소금 + 흰후춧가루 밑간 → 밀가루 → 달걀물 입혀 지진다.

대합구이

소양념 : 소금 1/2작은술, 다진파·다진마늘·참기름·깨소금·후춧가루 약간
초간장 : 간장 1큰술, 식초 1큰술, 설탕 1/2큰술

만드는 법
1. 소 만들기 → 소고기, 두부, 조갯살, 대합살을 섞어 소 양념한다.
2. 대합 껍질(식용유 + 밀가루) → 소를 채워 밀가루 + 달걀물을 입혀 팬에서 지진다 → 석쇠에 얹어 굽는다 → 쑥갓잎 + 달걀물 입힌다.

예상문제 17

조랭이떡국

소고기편육 양념 : 소금·다진파·다진마늘·참기름·깨소금·후춧가루 약간
육수 : 소고기(양지머리) 50g, 물 5컵, 생강·대파·마늘 + 국간장·소금 약간

만드는 법
멥쌀가루 + 소금물 → 찐다 → 2cm 정도로 끊어 가운데를 문질러 0.5cm 두께로 비벼 누에고치 모양으로 만든다 → 장국에 넣어 끓인다 → 고기, 지단, 대파채, 실고추 얹어 낸다.

섭산삼

초간장 : 간장 1큰술, 설탕 1큰술, 식초 1큰술

만드는 법
더덕 → 소금물에 담근다 → 방망이로 두들겨 넓게 편다 → 찹쌀 가루 묻혀 튀겨 낸다.

부록 예상문제 18

조리기능장

삼색전

새우전 – 만드는 법

새우 → 배쪽에 칼집을 넣어 잔칼집 → 소금 + 흰후춧가루 → 밀가루 → 달걀물 → 지져 낸다.

호박전 – 만드는 법

1. 애호박 → 0.5cm 두께로 둥글게 통 썰어 소금을 뿌려 둔다.
2. 애호박 → 밀가루 → 달걀물을 씌워 지져 낸다.

생선전 – 만드는 법

생선손질(3장뜨기) → 소금 + 흰후춧가루 밑간 → 밀가루 → 달걀물 입혀 지진다.

대합찜

대합소 양념 : 소금 2/3작은술, 다진파·다진마늘·생강즙·참기름·깨소금·후춧가루 약간

만드는 법

1. 소 만들기 → 소고기 + 두부 + 대합살
2. 대합 껍질 안쪽(식용유 + 밀가루)에 소를 넣어 채운다 → 밀가루 + 노른자를 입힌다 → 찐다 → 풋·홍고추, 황·백지단, 석이버섯 고명으로 얹는다.

조랭이떡국

소고기편육 양념 : 소금·다진파·다진마늘·참기름·깨소금·후춧가루 약간

육수 : 소고기 50g, 물 5컵, 생강·대파·마늘·국간장·소금 약간

만드는 법

멥쌀가루 + 소금물 → 찐다 → 2cm 정도로 끊어 가운데를 문질러 0.5cm 두께로 비벼 누에고치 모양으로 만든다 → 장국에 넣어 끓인다 → 고기, 지단, 대파채, 실고추 얹어 낸다.

섭산삼

초간장 : 간장 1큰술, 설탕 1큰술, 식초 1큰술

만드는 법

더덕 → 소금물에 담근다 → 방망이로 두들겨 넓게 편다 → 찹쌀 가루 묻혀 튀겨 낸다.

부록 예상문제 19 — 조리기능장

모약과

반죽 양념 : 청주 1큰술, 꿀 4큰술, 생강즙 1큰술, 소금 1/2작은술, 계핏가루 1/2작은술
집청 : 물엿(또는 조청) 1컵, 물 2큰술, 생강즙 1/2큰술

만드는 법

밀가루(2컵) + 소금(1/2작은술) + 설탕(1큰술)을 넣고 체에 내린다 → 참기름(3큰술)을 넣고 체에 내린다 → 반죽양념을 넣어 반죽한다 → 튀긴다 → 집청에 담근다 → 잣

두부선

전체 양념 : 소금 1/2작은술, 다진파·다진마늘·참기름·깨소금·후춧가루 약간
고명 : 황·백지단, 표고버섯, 실고추, 석이버섯, 비늘잣
초간장 : 간장 1큰술, 식초 1/2큰술, 설탕 1/2큰술

만드는 법

1. 전체 양념 → 두부 + 닭고기 + 홍고추 + 풋고추
2. 젖은 면포 → 두께 1cm 크기로 네모지게 고루 펴기 → 고명 얹기 → 찌기

예상문제 19

편수

육수 : 소고기 30g, 대파 1/2대, 마늘 2개, 통후추 약간, 물 + 국간장·소금 약간
소고기·표고버섯 양념 : 간장 1큰술, 설탕 1/2큰술, 다진파·다진마늘·참기름·깨소금·후춧가루 약간
초간장 : 간장 1큰술, 설탕 1/2큰술, 식초 1큰술

만드는 법

1. 만두피 → 지름 8cm 크기의 정사각형
2. 소 만들기 → 숙주, 오이, 호박, 소고기, 표고버섯
3. 만두피 → 소를 넣고 잣을 얹어 → 네 귀를 모아 네모지게 빚는다 → 찐다(10분).
4. 편수를 찬 육수에 띄우고 지단을 고명으로 얹는다.

부록 예상문제 20

조리기능장

석류탕

육수 : 소고기(사태) 30g, 대파 1/3대, 마늘 1개, 국간장·소금 약간
만두소 양념 : 소금·다진파·다진마늘·참기름·깨소금·후춧가루 약간

만드는 법

1. 소 만들기 → 다진 소고기 + 다진 닭살 + 표고버섯(채), 무채, 미나리, 숙주, 두부
2. 반죽(직경 7cm) 민다 → 소 넣기 → 잣 + 주머니 모양 → 육수를 끓인다 → 만두를 넣어 익힌다 → 지단을 띄워낸다.

두부선

전체 양념 : 소금 1/2작은술, 다진파·다진마늘·참기름·깨소금·후춧가루 약간
고명 : 황·백지단, 표고버섯, 실고추, 석이버섯, 비늘잣
초간장 : 간장 1큰술, 식초 1/2큰술, 설탕 1/2큰술

만드는 법

1. 전체 양념 → 두부 + 닭고기 + 홍고추 + 풋고추
2. 젖은 면보 → 두께 1cm 크기로 네모지게 고루 펴기 → 고명 얹기 → 찌기

장김치

만드는 법

배추, 무 절인다(간장) → 물 2컵 + 절였던 간장 3큰술 + 소금 + 설탕 → 준비된 재료를 넣는다.

율란·조란

율란 - 만드는 법

1. 밤 → 삶는다 → 반으로 갈라 속을 파낸다 → 체에 내린다 → 뭉친다(꿀 + 계핏가루 + 소금).

조란 - 만드는 법

1. 대추는 씨를 제거하고 찜통에 살짝 찐 다음 곱게 다진다.
2. 다진 대추 → 계핏가루 + 꿀 → 팬에서 약불로 조린다 → 뭉친다 → 통잣을 박는다(꼭지 부분).

어만두

소고기·목이버섯·표고버섯 양념 : 간장 1작은술, 설탕 1/2작은술, 다진파·다진마늘·참기름·깨소금·흰후춧가루 약간
만두소 양념 : 소금·다진파·다진마늘·참기름·깨소금 약간
초간장 : 간장 1큰술, 식초 1큰술, 설탕 1/2큰술

만드는 법

생선살 → 8×5×0.4cm(소금, 흰후춧가루) → 녹말 묻힌다 → 찜통에서 10분간 찐다.

부록 예상문제 21

조리기능장

율란·조란

율란 - 〔만드는 법〕

밤 → 삶는다 → 반으로 갈라 속을 파낸다 → 체에 내린다 → 뭉친다(꿀 + 계핏가루 + 소금).

조란 - 〔만드는 법〕

1. 대추는 씨를 제거하고 찜통에 살짝 찐 다음 곱게 다진다.
2. 다진 대추 → 계핏가루 + 꿀 → 팬에서 약불로 조린다 → 뭉친다 → 통잣을 박는다(꼭지부분).

장김치

〔만드는 법〕

배추, 무 절인다(간장) → 물 2컵 + 절였던 간장 3큰술 + 소금 + 설탕 → 준비된 재료를 넣는다.

석류탕

육수 : 소고기(사태) 30g, 대파 1/3대, 마늘 1개, 국간장·소금 약간
만두소 양념 : 소금·다진파·다진마늘·참기름·깨소금·후춧가루 약간

〔만드는 법〕

1. 소 만들기 → 다진 소고기 + 다진 닭살 + 표고버섯(채), 무채, 미나리, 숙주, 두부
2. 반죽(직경 7cm) 민다 → 소 넣기 → 잣 + 주머니 모양 → 육수를 끓인다 → 만두를 넣어 익힌다 → 지단을 띄워낸다.

두부선

전체 양념 : 소금 1/2작은술, 다진파·다진마늘·참기름·깨소금·후춧가루 약간
고명 : 황·백지단, 표고버섯, 실고추, 석이버섯, 비늘잣
초간장 : 간장 1큰술, 식초 1/2큰술, 설탕 1/2큰술

〔만드는 법〕

1. 전체 양념 → 두부 + 닭고기 + 홍고추 + 풋고추
2. 젖은 면포 → 두께 1cm 크기로 네모지게 고루 펴기 → 고명 얹기 → 찌기

부록 예상문제 22

조리기능장

두부전골

육수 : 소고기(양지머리) 50g, 대파 1/2대, 마늘 2개, 물+국간장 1작은술, 소금 1/2작은술
소고기 양념 : 간장 1큰술, 다진파·다진마늘·참기름·깨소금·후춧가루 약간

만드는 법
1. 두부는 2.5×4×0.5cm+소금, 후춧가루 → 물기 제거 +녹말 → 한 면만 지진다.
2. 소고기 → 1/2 채 썰어 양념+1/2 다져 양념 → 직경 1.5cm 완자
3. 무, 당근, 양파, 표고버섯, 죽순, 달걀 황·백지단, 미나리초대 → 4×1.5cm

죽순채

죽순·숙주·미나리 양념 : 소금·참기름 약간
소고기·표고버섯 양념 : 간장 1큰술, 설탕 1/2큰술, 다진파·다진마늘·깨소금·참기름·후춧가루 약간
초간장 : 간장 1/2큰술, 식초 1/2큰술, 설탕 1큰술, 소금 1/2작은술, 깨소금 1작은술

만드는 법
1. 죽순 → 빗살 모양으로 썬다 → 데친다 → 볶는다(소금+참기름).
2. 고명 → 황·백지단

떡수단

설탕시럽 : 설탕 3큰술, 물 3큰술

만드는 법
1. 가래떡 모양으로 1×1cm 크기로 나무젓가락을 앞, 뒤로 문질러 가며 자른다 → 녹말가루를 묻혀 데친 후 찬물에 헹군다(2~3회 반복).
2. 오미자물 1컵 + 시럽 2큰술 + 꿀 1큰술을 넣고 잣을 띄워 낸다.

병시

육수 : 소고기(사태) 50g, 마늘 1개, 대파 1/4대, 통후추 + 국간장·소금 약간
만두소 양념 : 소금·다진파·다진마늘·참기름·깨소금·후춧가루 약간

만드는 법
1. 소 만들기 → 다진 고기 + 표고버섯(채), 배추김치, 두부, 숙주
2. 고명 → 황·백지단 + 석이버섯 + 실고추

양동구리

소양 양념 : 소금·다진파·다진마늘·참기름·흰후춧가루 약간
초간장 : 간장 1큰술, 설탕 1/2큰술, 식초 1/2큰술, 생강즙 1/8작은술, 잣가루 약간

만드는 법
소양 → 기름덩어리 제거(소금) → 끓는 물에 살짝 데친다 → 검은막 제거 → 곱게 다진다 → 녹두녹말가루 + 달걀 → 지진다.

부록 예상문제 23

떡갈비구이

갈비 양념 : 소금 · 다진파 · 다진마늘 · 참기름 · 깨소금 · 후춧가루 약간
구이 양념 : 간장 1큰술, 설탕 1/2큰술, 배즙 1큰술, 다진파 · 다진마늘 · 참기름 · 깨소금 · 후춧가루 약간

만드는 법

갈비 + 갈비 양념 → 찹쌀가루 넣어 치댄다 → 갈비뼈(밀가루 바르기) + 갈비살 → 구이 양념장 → 굽는다.

삼계탕

닭국물 양념 : 소금 · 흰후춧가루 약간

만드는 법

1. 닭의 뱃속 → 불린 찹쌀 + 밤 1개 + 마늘 3쪽 + 대추 2개 + 수삼
2. 냄비 → 닭 + 물 + 대파, 생강, 통후추, 수삼, 대추 1개 넣고 삶는다 → 국물(소금, 후춧가루)

밀쌈

소고기 · 표고버섯 양념 : 간장 · 설탕 · 다진파 · 다진마늘 · 참기름 · 깨소금 · 후춧가루 약간
밀전병 : 밀가루 1/2컵, 물 1/2컵, 소금 1작은술
겨자초간장 : 발효겨자 1작은술, 식초 1큰술, 설탕 1큰술, 소금 1/3작은술, 간장 1/6작은술

만드는 법

1. 밀가루는 소금물로 묽게 개어 밀전병을 넓고 얇게 부친다.
2. 밀전병 → 당근, 오이, 죽순, 소고기, 표고버섯 → 지름 2cm 정도로 말아서 4cm 길이로 썬다.

어만두

소고기 · 목이버섯 · 표고버섯 양념 : 간장 1작은술, 설탕 1/2작은술, 다진파 · 다진마늘 · 참기름 · 깨소금 · 흰후춧가루 약간
만두소 양념 : 소금 · 다진파 · 다진마늘 · 참기름 · 깨소금 약간
초간장 : 간장 1큰술, 식초 1큰술, 설탕 1/2큰술

만드는 법

생선살 → 8×5×0.4cm(소금, 흰후춧가루) → 녹말 묻힌다 → 찜통에서 10분간 찐다.

부록 예상문제 24

떡갈비구이

갈비양념 : 소금 · 다진파 · 다진마늘 · 참기름 · 깨소금 · 후춧가루 약간
구이양념 : 간장 1큰술, 설탕 1/2큰술, 배즙 1큰술, 다진파 · 다진마늘 · 참기름 · 깨소금 · 후춧가루 약간

만드는 법

갈비 + 갈비양념 → 찹쌀가루 넣어 치댄다 → 갈비뼈(밀가루 바르기) + 갈비살 → 구이 양념장 → 익힌다.

삼계탕

닭국물 양념 : 소금 · 흰후춧가루 약간

만드는 법

1. 닭의 뱃속 → 불린 찹쌀 + 밤 1개 + 마늘 3쪽 + 대추 2개 + 수삼
2. 냄비 → 닭 + 물 + 대파, 생강, 통후추, 수삼, 대추 1개 넣고 삶는다 → 국물(소금, 후춧가루)

삼색밀쌈

초간장 : 간장 1큰술, 식초 1/2큰술, 설탕 1작은술

만드는 법

1. 밀전병 만들기 : 당근, 오이즙 → 밀가루로 각각 반죽(소금)
2. 당근, 오이 → 5×0.1×0.1cm 채썰어 볶는다(소금 + 참기름).
3. 소고기, 표고버섯 → 채썰어 양념하여 볶는다.

어만두

소고기 · 목이버섯 · 표고버섯
양념 : 간장 1작은술, 설탕 1/2작은술, 다진파 · 다진마늘 · 참기름 · 깨소금 · 흰후춧가루 약간
만두소 양념 : 소금 · 다진파 · 다진마늘 · 참기름 · 깨소금 약간
초간장 : 간장 1큰술, 식초 1큰술, 설탕 1/2큰술

만드는 법

생선살 → 8×5×0.4cm(소금, 흰후춧가루) → 녹말 묻힌다 → 찜통에서 10분간 찐다.

부록 예상문제 25

조리기능장

신선로

육수 : 소고기(사태) 150g, 대파 1/2대, 통마늘 2개 + 국간장 1작은술, 소금 1/2작은술, 후춧가루 약간
장국고기·완자 양념 : 소금·다진파·다진마늘·참기름·후춧가루 약간
육회 양념 : 소금·설탕·다진파·다진마늘·참기름·후춧가루 약간

만드는 법

육회 → 그 위에 장국고기 + 무 → 그 위에 각색의 재료 → 그 위에 호두, 은행, 잣, 고기완자 → 뜨거운 육수

삼색북어보푸라기

공통 양념 : 참기름 1큰술, 깨소금 1작은술, 설탕 1작은술
삼색 양념
- 붉은색 – 고춧가루 1작은술, 소금 1/3작은술
- 흰색 – 소금 1/3작은술
- 검은색 – 간장 1작은술

만드는 법

1. 보푸라기를 3등분한다.
2. 삼색 양념을 각각 무친다.

떡수단

설탕시럽 : 설탕 3큰술, 물 3큰술

만드는 법

1. 가래떡 모양으로 1×1cm 크기로 나무젓가락을 앞, 뒤로 문질러 가며 자른다 → 녹말가루를 묻혀 데친 후 찬물에 헹군다(2~3회 반복).
2. 오미자물 1컵 + 시럽 2큰술 + 꿀 1큰술을 넣고 잣을 띄워 낸다.

월과채

소고기·표고버섯·느타리버섯 양념 : 간장 1큰술, 설탕 1/2큰술, 다진파·다진마늘·참기름·깨소금·후춧가루 약간

만드는 법

1. 애호박은 눈썹모양으로 자른다.
2. 전병부치기 → 찹쌀가루 + 밀가루 + 소금물

양동구리

소양 양념 : 소금·다진파·다진마늘·참기름·흰후춧가루 약간
초간장 : 간장 1큰술, 설탕 1/2큰술, 식초 1/2큰술, 생강즙 1/8작은술, 잣가루 약간

만드는 법

소양 → 기름덩어리 제거(소금) → 끓는 물에 살짝 데친다 → 검은막 제거 → 곱게 다진다 → 녹두녹말가루 + 달걀 → 지진다.

부록 예상문제 26

조리 기능장

마른안주

만드는 법

다시마매듭자반 : 다시마 → 젖은 면포로 덮어둔다 → 자른다 → 잣과 통후추 넣는다 → 튀긴다 → 설탕을 뿌린다.

생율 : 밤 → 겉껍질, 속껍질 벗긴다 → 위와 아래를 반듯한 모양이 되도록 다듬는다.

은행꽂이 : 팬(식용유) → 은행 + 소금 넣고 볶는다 → 속껍질 제거 → 꼬치(3개씩)에 끼운다. → 잣(양쪽)

호두튀김 : 호두 → 껍질을 벗긴다 → 녹말가루 → 튀긴다 → 소금 + 설탕을 뿌린다.

젖은안주 - 오이선

소고기·표고버섯 양념 : 간장 1큰술, 설탕 1/2큰술, 다진파·다진마늘·참기름·깨소금·후춧가루 약간
단촛물 : 식초 1큰술, 설탕 1큰술, 물 1큰술, 소금 1/3작은술

만드는 법

1. 오이 → 반갈라서 푸른 부분이 4cm가 되도록 어슷썰어 칼집을 세 번 넣는다.
2. 제출 직전에 단촛물을 끼얹어 낸다.

젖은안주 - 어선

표고버섯 양념 : 간장·설탕·참기름 약간

만드는 법

1. 생선살 → 소금 + 흰후춧가루 + 생강즙으로 밑간한다.
2. 도마 위에 김발 → 젖은 면포 → 생선살 순으로 놓는다.

젖은안주 - 오징어솔방울구이

고추장 양념 : 고추장 2큰술, 간장 1큰술, 고춧가루 1작은술, 설탕 1큰술, 물엿 1큰술, 다진파·다진마늘·다진생강·참기름·깨소금·후춧가루 약간

만드는 법

오징어 손질 → 대각선 칼집(껍질 안쪽) 넣고 자른다 → 양념 → 굽는다.

젖은안주 - 북어구이

유장 : 참기름 1큰술, 간장 1작은술
고추장 양념 : 고추장 1큰술, 설탕 1/2큰술, 다진파·다진마늘·깨소금·후춧가루 약간

만드는 법

1. 북어포 손질하기
   ① 지느러미, 검은 막, 머리 제거
   ② 북어포 → 물에 잠깐 불린 후 물기를 눌러 짠다.
   ③ 뼈를 제거 후 6cm로 토막 내어 껍질 부분에 칼집을 넣는다.
2. 유장 발라 애벌구이한 다음 고추장 양념을 발라 굽는다.

젖은안주 - 장산적

소고기·두부 양념 : 소금 1작은술, 설탕 1/2작은술, 다진파·다진마늘·참기름·깨소금·후춧가루 약간
조림장 : 간장 5큰술, 설탕 3큰술, 생강편, 마늘편, 대파 1/2대 + 물 3큰술

만드는 법

소고기, 두부 → 다진 후 섞어 양념한다 → 굽는다 → 2cm 크기로 만든다 → 조림장 양념에 조린다 → 잣가루 뿌려 낸다.

부록 예상문제 27

> 조리 기능장

장산적

소고기 · 두부 양념 : 소금 1작은술, 설탕 1/2작은술, 다진파 · 다진마늘 · 참기름 · 깨소금 · 후춧가루 약간
조림장 : 간장 5큰술, 설탕 3큰술, 생강편, 마늘편, 대파 1/2대 + 물 3큰술

만드는 법

소고기, 두부 → 다진 후 섞어 양념한다 → 굽는다 → 2cm 크기로 만든다 → 조림장 양념에 조린다 → 잣가루 뿌려 낸다.

오징어솔방울구이

고추장 양념 : 고추장 2큰술, 간장 1큰술, 고춧가루 1작은술, 설탕 1큰술, 물엿 1큰술, 다진파 · 다진마늘 · 다진생강 · 참기름 · 깨소금 · 후춧가루 약간

만드는 법

오징어 손질 → 대각선 칼집(껍질 안쪽) 넣고 자른다 → 양념 → 굽는다.

어선

표고버섯 양념 : 간장 · 설탕 · 참기름 약간

만드는 법

1. 생선살 → 소금 + 흰후춧가루 + 생강즙으로 밑간한다.
2. 도마 위에 김발 → 젖은 면포 → 생선살 순으로 놓는다.

오이선

소고기 · 표고버섯 양념 : 간장 1큰술, 설탕 1/2큰술, 다진파 · 다진마늘 · 참기름 · 깨소금 · 후춧가루 약간
단촛물 : 식초 1큰술, 설탕 1큰술, 물 1큰술, 소금 1/3작은술

만드는 법

1. 오이 → 반갈라서 푸른 부분이 4cm가 되도록 어슷 썰어 칼집을 세 번 넣는다.
2. 제출 직전에 단촛물을 끼얹어 낸다.

다시마매듭자반

만드는 법

다시마 → 젖은 면포로 씌워둔다 → 자른다 → 잣과 통후추 넣는다 → 튀긴다 → 설탕을 뿌린다.

부록 예상문제 28

조리기능장

면신선로

소고기(사태·우둔살) 양념 : 소금 · 다진파 · 다진마늘 · 참기름 · 후춧가루 약간

만드는 법

1. 냄비에 고기(편육)를 깔고 → 그 위에 소고기 육회 → 그 위에 준비한 재료 → 육수를 붓고 끓인다 → 쑥갓을 올려 잠시 끓여낸다.
2. 국수 → 토렴하여 대접에 담는다.

삼색밀쌈

초간장 : 간장 1큰술, 식초 1/2큰술, 설탕 1작은술

만드는 법

1. 밀전병 만들기 : 당근, 오이즙 → 밀가루로 각각 반죽 (소금)
2. 당근, 오이 → 5×0.1×0.1cm 채썰어 볶는다(소금 + 참기름).
3. 소고기, 표고버섯 → 채썰어 양념하여 볶는다.

원소병

소 : 유자청 10g, 대추 2개, 계핏가루 1g
국물 : 설탕(꿀) 2큰술, 물 1컵

만드는 법

1. 찹쌀가루 + 소금 → 익반죽(식용색소)
2. 경단(2cm) → 녹말가루 묻히기 → 끓는 물 → 찬물에 식힌다.
3. 국물 + 경단 각 3개씩 + 잣 띄운다.

호박죽

만드는 법

1. 호박 → 얇게 썰어서 삶은 다음 으깨어 체에 내린다.
2. 찹쌀가루 → 물에 개어서 새알심을 만들고 끓는 물에 익혀 준비한다.
3. 호박물을 눋지 않게 저으면서 → 2를 넣고 찹쌀가루로 농도를 맞춘다 → 삶아 놓은 팥을 넣고 은근히 끓인다. → 간을 한다(소금 + 설탕).

삼색전(호박전, 표고전, 생선전)

호박전

만드는 법

1. 애호박 → 0.5cm 두께로 둥글게 통 썰어 소금을 뿌려둔다.
2. 애호박 → 밀가루 → 달걀물을 씌워 지져 낸다.

표고전

표고버섯 양념 : 간장 · 설탕 · 참기름 약간
소고기 · 두부 양념 : 소금 · 설탕 · 다진파 · 다진마늘 · 참기름 · 깨소금 · 후춧가루 약간

만드는 법

1. 표고버섯 → 표고버섯 안쪽에 옅은 칼집을 넣어 양념한다.
2. 표고버섯(안쪽에 밀가루) → 소를 채운다 → 밀가루 → 달걀물 입혀 지진다.

생선전

만드는 법

생선손질(3장뜨기) → 소금 + 흰후춧가루 밑간 → 밀가루 → 달걀물 입혀 지진다.

부록 예상문제 29

청포묵무침

오이 · 숙주 · 청포묵 · 미나리 양념 : 소금 · 참기름 약간
소고기 양념 : 간장 · 설탕 · 다진파 · 다진마늘 · 참기름 · 깨소금 · 후춧가루 약간
초간장 : 간장 1큰술, 식초 1/2큰술, 설탕 1/2큰술

만드는 법

청포묵 + 숙주 + 미나리 + 오이 + 소고기 → 양념장 → 지단, 김을 얹는다.

오이감정

소고기 양념 : 국간장 1/2작은술, 다진마늘 · 참기름 · 깨소금 · 후춧가루 약간

만드는 법

냄비 → 소고기 + 물 → 고추장 + 된장을 푼다 → 오이 → 고추, 대파, 다진마늘 넣고 끓인다.

옥수수전

만드는 법

옥수수, 완두콩 → 다진다 → 반죽한다(밀가루) → 5cm 크기로 동그랗게 지져낸다.

미나리강회

초고추장 : 고추장 1큰술, 설탕 1/2큰술, 식초 1/2큰술, 물 1큰술

만드는 법

1. 편육 → 백지단 → 황지단 → 홍고추 순으로 놓고 미나리로 돌려 감는다.
2. 초고추장을 종지에 담아 낸다.

임자수탕

닭고기 육수 : 닭 1/2마리, 생강 1/2개, 대파 1/2대, 마늘 2개
소고기 완자 양념 : 소금 · 다진파 · 다진마늘 · 참기름 · 깨소금 · 후춧가루 약간
깻국 : 닭육수 3컵, 흰깨 1컵, 소금 1작은술, 흰후춧가루 약간

만드는 법

1. 닭고기 → 소금 + 흰후춧가루
2. 오이, 홍고추, 표고버섯 → 녹말가루 → 끓는 물 → 찬물에 헹군다.
3. 소고기 → 1cm 완자 → 밀가루, 달걀물
4. 닭고기 → 오이, 표고버섯, 홍고추, 지단, 미나리 초대 → 깻국 붓고 → 잣 + 완자 넣기

부록 예상문제 30

조리기능장

용봉탕

닭살 양념 : 소금 · 다진파 · 다진마늘 · 후춧가루 약간

만드는 법

1. 잉어는 피를 빼준 다음 5cm 크기로 자른다.
2. 닭고기육수 + 잉어, 밤, 대추 → 끓인다 → 소금 + 국간장 → 밤, 대추, 지단, 석이버섯채 얹는다.

사슬적

생선살 양념 : 간장 1큰술, 소금 1/4작은술, 다진파 · 다진마늘 · 다진생강 약간
초간장 : 간장 1큰술, 식초 1/2큰술, 설탕 1/2큰술

만드는 법

1. 생선살 → 7×1×0.7cm → 생선살 양념
2. 꼬지에 끼우기 : 생선살(밀가루) → 양념한 고기 → 생선살(밀가루) → 양념한 고기 → 생선살
3. 잣 → 곱게 다진다.

예상문제 30

장김치

만드는 법

배추, 무 절인다(간장) → 물 2컵 + 절였던 간장 3큰술 + 소금 + 설탕 → 준비된 재료를 넣는다.

전복죽

만드는 법

냄비 → 참기름 + 전복 넣고 볶는다 → 불린 쌀 → 물 넣기(6배) → 소금 → 전복을 고명으로 얹는다.

취나물

만드는 법

취나물 → 데친다 → 간을 한다(다진파, 다진마늘, 국간장) → 팬에서 볶는다(깨소금, 참기름).

부록 예상문제 31

> 조리기능장

신선로

육수 : 소고기(사태) 150g, 대파 1/2대, 통마늘 2개 + 국간장 1작은술, 소금 1/2작은술, 후춧가루 약간

장국고기 · 완자 양념 : 소금 · 다진파 · 다진마늘 · 참기름 · 후춧가루 약간

육회 양념 : 소금 · 설탕 · 다진파 · 다진마늘 · 참기름 · 후춧가루 약간

만드는 법

육회 → 그 위에 장국고기 + 무 → 그 위에 각색의 재료 → 그 위에 호두, 은행, 잣, 고기완자 → 뜨거운 육수

율란 · 조란

율란 – 만드는 법

밤 → 삶는다 → 반으로 갈라 속을 파낸다 → 체에 내린다 → 뭉친다(꿀 + 계핏가루 + 소금).

조란 – 만드는 법

1. 대추는 씨를 제거하고 찜통에 살짝 찐 다음 곱게 다진다.
2. 다진 대추 → 계핏가루 + 꿀 → 팬에서 약불로 조린다 → 뭉친다 → 통잣을 박는다(꼭지부분).

예상문제 31

부록 예상문제 32

조리기능장

파전

밀가루 반죽 : 밀가루 150g, 멥쌀가루 100g, 달걀 1개, 소금 1/2작은술, 물 1컵 정도
소고기 양념 : 간장 1작은술, 설탕 1/2작은술, 다진파 · 다진마늘 · 참기름 · 깨소금 · 후춧가루 약간

만드는 법

팬(기름) → 실파 + 밀가루 → 밀가루 반죽 → 조갯살, 굴, 홍합 → 홍고추 + 밀가루 반죽 → 달걀 묻히기

온면

양지머리 육수 : 소고기 50g, 대파 1/2대, 마늘 1개, 통후추 + 국간장 · 소금 약간

만드는 법

국수 사리(토렴) 담는다 → 고명 : 소고기 + 호박 + 황 · 백지단 + 실고추 + 석이버섯 → 장국 붓기

양지머리편육

초간장 : 간장 1큰술, 식초 1큰술, 설탕 1/2큰술

만드는 법

양지머리 → 삶는다 → 젖은 면포에 싼다 → 편편한 무거운 것으로 눌러 모양을 잡는다 → 고기 반대결로 얇게 저민다.

장김치

만드는 법

배추, 무 절인다(간장) → 물 2컵 + 절였던 간장 3큰술 + 소금 + 설탕 → 준비된 재료를 넣는다.

잡곡부침

돼지고기 양념 : 간장 · 설탕 · 다진파 · 다진마늘 · 참기름 · 깨소금 · 후춧가루 약간

만드는 법

1. 멥쌀 + 녹두 + 수수 + 콩가루 → 섞는다.
2. 배추김치 + 숙주 + 돼지고기 + 1의 가루 + 물 약간 → 지진다.

부록 예상문제 33

5첩반상

녹두빈대떡

돼지고기 양념 : 소금 1/2작은술, 다진파 · 다진마늘 · 다진생강 · 참기름 · 깨소금 · 후춧가루 약간

만드는 법

녹두가루 + 물 + 돼지고기, 배추김치, 고사리, 숙주 → 소금으로 간한다 → 홍고추, 쪽파는 얹어서 지진다.

미역자반

만드는 법

1. 자반미역 → 가위로 폭 1cm 되게 짧게 끊는다.
2. 팬(기름) → 충분히 달군다 → 자반 미역 볶는다 → 설탕 + 깨소금을 넣어 고루 섞는다.

아욱된장국

국물 : 된장 2큰술, 다진파 1작은술, 다진마늘 1/2작은술, 소금 · 국간장 약간

만드는 법

1. 아욱 → 줄기와 껍질을 벗긴 후 주물러 씻는다.
2. 멸치 + 마른 새우 끓인다 → 된장 + 아욱 → 다진파, 다진마늘 + 소금 + 국간장

부추김치

양념 : 멸치액젓 3큰술, 고춧가루 3큰술
밀가루 풀 : 밀가루 1큰술, 물 5큰술

만드는 법

1. 밀가루 풀 → 밀가루 + 물을 끓여서 식혀 둔다.
2. 부추 + 밀가루 풀 + 고춧가루 + 멸치액젓 + 통깨

갈치조림

양념장 : 간장 2큰술, 고춧가루 1큰술, 설탕 1/2큰술, 다진파 · 다진마늘 · 다진생강 · 깨소금 약간

만드는 법

1. 갈치는 지느러미, 내장 제거 → 7cm 길이로 토막
2. 냄비에 무를 깐다 → 갈치를 얹는다 → 양념장 끼얹는다 → 끓인다(물 1컵) → 고추를 얹어 잠시 끓인다.

예상문제 33

너비아니구이

소고기 간장 양념장 : 간장 2큰술, 설탕 1큰술, 다진파 · 다진마늘 · 참기름 · 깨소금 · 후춧가루 약간 + 배즙 1큰술

만드는 법

1. 소고기는 4.5×5×0.5cm 크기로 자른 후 양념에 재워 둔다.
2. 굽기 → 석쇠에 굽는다.
3. 잣 → 가루 내어 구워낸 소고기 위에 뿌린다.

명란젓찌개

소고기 양념 : 국간장 1/2작은술, 다진파 · 다진마늘 · 참기름 · 후춧가루 약간

만드는 법

소고기 + 소고기 볶은 국물 + 무 → 명란젓, 두부, 쪽파 → 새우젓 + 소금 → 참기름 1~2방울을 넣는다.

부록 예상문제 34

조리 기능장

궁중닭찜

닭살 양념: 소금, 다진파, 다진마늘, 참기름, 후춧가루 약간씩

만드는 법

1. 닭 → 5~6cm 토막 → 끓는 물 → 파, 마늘, 생강 → 삶아 닭살 찢어 양념
2. 표고, 목이, 석이버섯 → 채 썬다.
3. 냄비 → 닭 육수 → 닭살과 버섯 끓이기 → 간하고 밀가루 물 타서 농도조절 → 달걀 줄 알 치고 참기름 → 고명(석이버섯)

꽃게찜

소 양념: 소금, 다진파, 마늘, 생강, 참기름, 깨소금, 후춧가루 약간씩

만드는 법

1. 꽃게 → 손질 → 등껍질 제거 → 게살 손질
2. 소고기, 두부 곱게 → 물기 제거 → 소 양념 → 섞기
3. 꽃게 등껍질 안쪽 → 식용유 → 밀가루 → ②소 채우기 → 중불에 찜
4. 대추채는 고명으로 꽃게찜 위에 올려 살짝 쪄서 완성

장김치

만드는 법

배추, 무 절인다(간장). → 물 2컵 + 절였던 간장 3큰술 + 소금 + 설탕 → 준비된 재료를 넣는다.

장떡

만드는 법

1. 풋고추, 홍고추 → 통썰기
2. 반죽하기: 된장 + 고추장 + 찹쌀가루 → 풋고추, 홍고추, 다진파, 다진마늘, 깨소금, 참기름
3. 기름을 두른 팬에 지름 5cm 정도로 둥글게 지져서 낸다.

백합(대합)죽

불린 쌀 1컵, 백합 1개, 물 6컵, 소금, 참기름 약간씩

만드는 법

1. 불린 쌀 물기 제거 → 쌀알 반 정도 빻는다.
2. 백합 전처리 → 데쳐 손질하기
3. 냄비 → 참기름+쌀 볶기 → 육수 → 백합살 넣고 소금 간 완성 → 깨소금 또는 김가루로 고명

부록 예상문제 35

조리기능장

석류탕

육수 : 소고기(사태) 30g, 대파 1/3대, 마늘 1개, 국간장·소금 약간
만두소 양념 : 소금·다진파·다진마늘·참기름·깨소금·후춧가루 약간

만드는 법

1. 소 만들기 → 다진 소고기 + 다진 닭살 + 표고버섯(채), 무채, 미나리, 숙주, 두부
2. 반죽(직경 7cm) 민다 → 소 넣기 → 잣 + 주머니 모양 → 육수를 끓인다 → 만두를 넣어 익힌다 → 지단을 띄워낸다.

강란(생란, 생강란)

만드는 법

1. 생강 → 껍질 제거 후 얇게 저며 물을 넣어 갈고 물에 헹구어 생강물과 건더기를 분리한다.
2. 생강물 → 전분을 가라 앉힌다.
3. 생강 건더기 → 냄비에 물, 설탕, 소금을 넣어 약불로 조린 다음 생강전분 → 꿀(물엿) → 삼각뿔 생강모양 → 잣가루 → 완성

떡찜

찜 양념장 : 간장 3큰술, 설탕 2큰술, 다진파 1작은술, 다진마늘 1/2작은술, 참기름·깨소금·후춧가루 약간 + 육수 1컵
소고기 양념 : 간장 1큰술, 설탕 1/2큰술, 다진파·다진마늘·참기름·깨소금·후춧가루 약간

만드는 법

떡 → 4~6cm 길이로 잘라 십자가 모양으로 양끝을 1cm 남기고 칼집 → 데친다 → 양념한 소고기를 칼집 사이에 끼워 넣는다.

녹두죽

녹두 150g, 멥쌀 70g, 물 13컵, 소금 약간

만드는 법

1. 멥쌀 → 물에 불려 → 건져 놓는다.
2. 녹두 → 씻어 일어 건진다 → 물을 붓고 푹 삶아 체에 걸러 웃물만 남긴다.
3. 냄비 → 삶은 녹두, 불린 멥쌀을 끓여 퍼지게 되면 → 녹두 웃물을 붓고 농도 조절 → 소금(꿀)으로 간을 한다.

도라지대추나물

도라지 양념 : 다진파, 다진마늘, 깨소금, 참기름 약간

만드는 법

1. 도라지 → 6×0.5cm 가늘게 썬다. → 쓴맛 제거 → 물기 제거 → 양념
2. 대추 → 돌려깍기하여 채 썰기
3. 팬 → 식용유 → 도라지 볶다가 → 물 3큰술 → 뚜껑 덮어 가끔 볶으면서 익힌다. → 대추채 → 참기름, 깨소금으로 완성

부록 예상문제 36

조리기능장

어선

표고버섯 양념 : 간장 · 설탕 · 참기름 약간

만드는 법

1. 생선살 → 소금 + 흰후춧가루 + 생강즙으로 밑간한다.
2. 도마 위에 김발 → 젖은 면포 → 생선살 순으로 놓는다.

규아상

소고기 · 표고버섯 양념 : 간장 1큰술, 설탕 1/2큰술, 다진파 · 다진마늘 · 참기름 · 깨소금 · 후춧가루 약간
초간장 : 간장 1큰술, 식초 1/2큰술, 설탕 1/2큰술

만드는 법

1. 밀가루 반죽은 0.1cm 크기로 밀어 지름 8cm 만두피를 만든다.
2. 만두소 → 오이(채), 다진 소고기, 표고버섯(채), 비늘잣
3. 만두피 → 소를 넣고 해삼 모양으로 주름을 잡아 가며 빚는다.
4. 만두 → 찜통에 10분간 찐다.

율란

율란 – 만드는 법

밤 → 삶는다 → 반으로 갈라 속을 파낸다 → 체에 내린다 → 뭉친다(꿀 + 계핏가루 + 소금).

연근정과

설탕물 : 설탕 1/2컵, 물 1/2컵

만드는 법

연근 → 데친다(식초) → 설탕물 + 소금 → 조린다 → 1/3로 줄어들면 조청을 넣는다.

임자수탕

닭고기 육수 : 닭 1/2마리, 생강 1/2개, 대파 1/2대, 마늘 2개
소고기 완자 양념 : 소금 · 다진파 · 다진마늘 · 참기름 · 깨소금 · 후춧가루 약간
깻국 : 닭육수 3컵, 흰깨 1컵, 소금 1작은술, 흰후춧가루 약간

만드는 법

1. 닭고기 → 소금 + 흰후춧가루
2. 오이, 홍고추, 표고버섯 → 녹말가루 → 끓는 물 → 찬물에 헹군다.
3. 소고기 → 1cm 완자 → 밀가루, 달걀물
4. 닭고기 → 오이, 표고버섯, 홍고추, 지단, 미나리 초대 → 깻국 붓고 → 잣 + 완자 넣기

부록 예상문제 37

조리기능장

면신선로

소고기(사태·우둔살) 양념 : 소금·다진파·다진마늘·참기름·후춧가루 약간

만드는 법

1. 냄비에 고기(편육)를 깔고 → 그 위에 소고기 육회 → 그 위에 준비한 재료 → 육수를 붓고 끓인다 → 쑥갓을 올려 잠시 끓여낸다.
2. 국수 → 토렴하여 대접에 담는다.

대합구이

소 양념 : 소금 1/2작은술, 다진파·다진마늘·참기름·깨소금·후춧가루 약간
초간장 : 간장 1큰술, 식초 1큰술, 설탕 1/2큰술

만드는 법

1. 소 만들기 → 소고기, 두부, 조갯살, 대합살을 섞어 소 양념한다.
2. 대합 껍질(식용유 + 밀가루) → 소를 채워 밀가루 + 달걀물을 입혀 팬에서 지진다 → 석쇠에 얹어 굽는다 → 쑥갓잎 + 달걀물 입힌다.

어채

흰살 생선 밑간 : 생강즙 1작은술, 청주 1큰술, 소금 1/2작은술, 흰후춧가루 1/8작은술
초고추장 : 고추장 2큰술, 간장 1/2작은술, 식초 1/2큰술, 설탕 1/2큰술, 마늘즙 1작은술, 생강즙 1/2작은술 + 잣가루 1작은술

만드는 법

(홍고추, 오이, 표고버섯, 석이버섯, 생선 → 녹말 묻힌다 → 끓는 물에 넣어 익힌다 → 찬물에 헹군다) → 2~3회 반복한다.

예상문제 37

우메기

집청 : 물엿 1컵, 꿀 1큰술, 물 1큰술

만드는 법

1. 찹쌀가루 + 멥쌀가루 + 소금 + 설탕 → 체에 내린다 → 막걸리 + 뜨거운 물 넣어 반죽한다.
2. (140℃) 지지듯이 노릇하게 튀긴다 → 집청 → 대추 고명

편수

육수 : 소고기 30g, 대파 1/2대, 마늘 2개, 통후추 약간, 물 + 국간장·소금 약간
소고기·표고버섯 양념 : 간장 1큰술, 설탕 1/2큰술, 다진파·다진마늘·참기름·깨소금·후춧가루 약간
초간장 : 간장 1큰술, 설탕 1/2큰술, 식초 1큰술

만드는 법

1. 만두피 → 지름 8cm 크기의 정사각형
2. 소 만들기 → 숙주, 오이, 호박, 소고기, 표고버섯
3. 만두피 → 소를 넣고 잣을 얹어 → 네 귀를 모아 네모지게 빚는다 → 찐다(10분).
4. 편수를 찬 육수에 띄우고 지단을 고명으로 얹는다.

부록 예상문제 38

조리기능장

사슬적

생선살 양념 : 간장 1큰술, 소금 1/4작은술, 다진파·다진마늘·다진생강 약간
초간장 : 간장 1큰술, 식초 1/2큰술, 설탕 1/2큰술

만드는 법

1. 생선살 → 7×1×0.7cm → 생선살 양념
2. 꼬지에 끼우기 : 생선살(밀가루) → 양념한 고기 → 생선살(밀가루) → 양념한 고기 → 생선살
3. 잣 → 곱게 다진다.

잣구리

깨소 : 깨 1큰술, 소금 1/8작은술, 꿀 1작은술, 계핏가루 1/4작은술
밤소 : 밤 3개, 소금 1/8작은술, 꿀 1작은술, 계핏가루 1/4작은술
고물 : 잣

만드는 법

찹쌀가루 + 소금 → 익반죽 → 소 넣어 동전 크기로 만들기 → 가운데를 눌러 누에고치 모양 만들기 → 끓는 물에서 익히기 → 잣가루 묻혀내기

도라지정과

시럽 : 물 1컵, 설탕 2큰술, 물엿 1큰술, 꿀 1/3큰술

만드는 법

1. 도라지 → 껍질을 벗기기 → 자르고 쓴맛 제거 → 소금물 데치기
2. 시럽 만들어 조리기 : 냄비 → 물(1컵) + 도라지 + 설탕(2큰술) 넣어 끓어 오르면 → 약불 → 은근하게 조린다 → 물엿(1큰술) → 꿀(1/3큰술) → 윤기 나게 조린다.

떡갈비구이

갈비 양념 : 소금·다진파·다진마늘·참기름·깨소금·후춧가루 약간
구이 양념 : 간장 1큰술, 설탕 1/2큰술, 배즙 1큰술, 다진파·다진마늘·참기름·깨소금·후춧가루 약간

만드는 법

갈비 + 갈비 양념 → 찹쌀가루 넣어 치댄다 → 갈비뼈(밀가루 바르기) + 갈비살 → 구이 양념장 → 익힌다.

두부전골

육수 : 소고기(양지머리) 50g, 대파 1/2대, 마늘 2개, 물+국간장 1작은술, 소금 1/2작은술
소고기 양념 : 간장 1큰술, 다진파·다진마늘·참기름·깨소금·후춧가루 약간

만드는 법

1. 두부는 2.5×4×0.5cm+소금, 후춧가루 → 물기 제거+녹말 → 한 면만 지진다.
2. 소고기 → 1/2 채 썰어 양념+1/2 다져 양념 → 직경 1.5cm 완자
3. 무, 당근, 양파, 표고버섯, 죽순, 달걀 황·백지단, 미나리초대 → 4×1.5cm

부록 예상문제 39

조리 기능장

골동반

도라지·고사리 양념 : 국간장 1큰술, 다진파·다진마늘·참기름·깨소금 약간
소고기·표고버섯 양념 : 간장·설탕·다진파·다진마늘·참기름·깨소금·후춧가루 약간
콩나물 양념 : 소금·다진파·다진마늘·참기름·깨소금 약간
약고추장 : 고추장·물·설탕 2큰술, 다진 소고기

만드는 법

1. 밥 + 참기름 + 소금 + 재료(조금씩만 남기고 모두 넣어 비빈다)를 섞는다.
2. 1의 위에 나머지 재료를 얹어서 낸다.

석류탕

육수 : 소고기(사태) 30g, 대파 1/3대, 마늘 1개, 국간장·소금 약간
만두소 양념 : 소금·다진파·다진마늘·참기름·깨소금·후춧가루 약간

만드는 법

1. 소 만들기 → 다진 소고기 + 다진 닭살 + 표고버섯(채), 무채, 미나리, 숙주, 두부
2. 반죽(직경 7cm) 민다 → 소 넣기 → 잣 + 주머니 모양 → 육수를 끓인다 → 만두를 넣어 익힌다 → 지단을 띄워낸다.

월과채

소고기·표고버섯·느타리버섯 양념 : 간장 1큰술, 설탕 1/2큰술, 다진파·다진마늘·참기름·깨소금·후춧가루 약간

만드는 법

1. 애호박은 눈썹모양으로 자른다.
2. 전병부치기 → 찹쌀가루 + 밀가루 + 소금 물

도라지정과

시럽 : 물 1컵, 설탕 2큰술, 물엿 1큰술, 꿀 1/3큰술

만드는 법

1. 도라지 → 껍질을 벗기기 → 자르고 쓴맛 제거 → 소금물 데치기
2. 시럽 만들어 조리기 : 냄비 → 물(1컵) + 도라지 + 설탕(2큰술) 넣어 끓어 오르면 → 약불 → 은근하게 조린다 → 물엿(1큰술) → 꿀(1/3큰술) → 윤기나게 조린다.

게감정

게 육수 : 소고기(사태 또는 양지머리) 30g, 파 1/3대, 마늘 1개, 생강 1/2개, 물 4컵
소 양념 : 소금 1/2작은술, 생강즙 1/2작은술, 다진파·다진마늘·참기름·깨소금·후춧가루 약간

만드는 법

1. 소고기 육수 + 고추장, 된장, 다진마늘 → 게다리 + 자투리 + 무 넣고 끓인다.
2. 게 등딱지 → 안쪽에 식용유 → 밀가루 → 소 넣기 → 밀가루 → 달걀 노른자 → 팬에서 지진다.

부록 예상문제 40 — 조리기능장

삼색밀쌈

초간장 : 간장 1큰술, 식초 1/2큰술, 설탕 1작은술

만드는 법

1. 밀전병 만들기 : 당근, 오이즙 → 밀가루로 각각 반죽 (소금)
2. 당근, 오이 → 5×0.1×0.1cm 채썰어 볶는다(소금 + 참기름).
3. 소고기, 표고버섯 → 채썰어 양념하여 볶는다.

숙주채

편육 : 소고기(양지머리) 50g, 대파 흰부분, 마늘 약간씩
양념장 : 식초, 설탕, 소금, 깨소금 약간씩

만드는 법

1. 끓는 물 → 소고기, 대파, 마늘 넣고 삶아서 → 편육
2. 숙주 → 길이 5cm → 거두절미 → 데쳐서 사용
3. 미나리 → 끓는 물에 데쳐 → 길이 5cm로 손질
4. 배, 편육은 5×0.5×0.2cm 골패형 → 양념장으로 버무린다.

떡찜

찜 양념장 : 간장 3큰술, 설탕 2큰술, 다진파 1작은술, 다진마늘 1/2작은술, 참기름·깨소금·후춧가루 약간 + 육수 1컵
소고기 양념 : 간장 1큰술, 설탕 1/2큰술, 다진파·다진마늘·참기름·깨소금·후춧가루 약간

만드는 법

떡 → 4~6cm 길이로 잘라 십자가 모양으로 양끝을 1cm 남기고 칼집 → 데 친다 → 양념한 소고기를 칼집 사이에 끼워 넣는다.

조랭이떡국

소고기편육 양념 : 소금·다진파·다진마늘·참기름·깨소금·후춧가루 약간
육수 : 소고기(양지머리) 50g, 물 5컵, 생강·대파·마늘 + 국간장·소금 약간

만드는 법

멥쌀가루 + 소금물 → 찐다 → 2cm 정도로 끊어 가운데를 문질러 0.5cm 두께로 비벼 누에고치 모양으로 만든다 → 장국에 넣어 끓인다 → 고기, 지단, 대파채, 실고추 얹어 낸다.

대하잣즙무침

향미채소 : 대파 1/2대, 마늘 1개, 생강 1/3개
대하 밑간 : 청주 1큰술, 흰후춧가루 1/2작은술, 소금 1/2작은술
잣즙소스 : 잣 2큰술, 대하 육즙 2큰술, 소금 2/3작은술, 참기름 2작은술, 흰후춧가루 1/5작은술

만드는 법

대하 → 내장을 제거 → 접시에 담아 밑간 → 대파, 마늘, 생강을 편썰어 얹어 찐다 (이때 나오는 육즙으로 소스를 만든다) → 포를 뜬다.

부록 예상문제 41

대추죽

만드는 법

1. 대추씨 + 물 4컵 → 3컵이 될 때까지 끓인다.
2. 1의 대추 육수 + 대추살 → 1컵이 될 때까지 끓여 체에 내린다 → 찹쌀물을 붓는다 → 소금, 꿀 → 대추 고명

닭고기겨자채

겨자즙 : 숙성된 겨자 1큰술, 설탕 3큰술, 식초 3큰술, 간장 2/3작은술, 소금 1/2작은술

만드는 법

(닭고기, 배, 밤, 당근, 오이, 양배추) + 겨자즙 → 지단은 나중에 넣어 버무린다 → 잣을 뿌린다.

아욱된장국

국물 : 된장 2큰술, 다진파 1작은술, 다진마늘 1/2작은술, 소금 · 국간장 약간

만드는 법

1. 아욱 → 줄기와 껍질을 벗긴 후 주물러 씻는다.
2. 멸치 + 마른 새우 끓인다 → 된장 + 아욱 → 다진파, 다진마늘 + 소금 + 국간장

느타리버섯고추전

느타리버섯 양념 : 소금, 다진파, 다진마늘, 참기름, 깨소금 약간씩
꽈리고추 양념 : 소금, 참기름 약간

만드는 법

1. 느타리버섯 → 밑동 제거 → 데쳐 → 물기 제거 → 양념
2. 꽈리고추 → 꼭지 떼고 → 데쳐 (소금) → 찬물 → 물기 제거 → 양념
3. 꼬지 → 느타리버섯 → 꽈리고추 → 끼운다 → 밀가루 → 달걀 → 팬에 → 식용유 → 지져서 완성

도미찜

도미 밑간 : 소금 1작은술, 생강즙 1작은술, 흰후춧가루 1/2작은술
소고기 양념 : 간장 1작은술, 설탕 1/2작은술, 다진파 · 다진마늘 · 참기름 · 깨소금 · 후춧가루 약간

만드는 법

도미 → 양면에 2cm 간격으로 칼집 → 밑간 → 칼집 사이에 양념한 소고기를 넣는다 → 찐다 → 오색 고명을 얹어 한 김을 올린다.

부록 예상문제 42

> 조리기능장

가지선

만드는 법

1. 가지 5cm로 자르기 → 소금물 → 절이기
2. 오이, 당근 → 3cm로 잘라 돌려깎기 → 0.2cm 채+소금 → 볶기
3. 표고버섯, 소고기 → 채 → 볶기
5. 달걀(황·백) 지단 → 3cm 채 자르기
6. 가지소 넣기 → 녹말가루 → 3분 정도 찜

꽃게찜

소 양념 : 소금, 다진파, 마늘, 생강, 참기름, 깨소금, 후춧가루 약간씩

만드는 법

1. 꽃게 → 손질 → 등껍질 제거 → 게살 손질
2. 소고기, 두부 곱게 → 물기 제거 → 소 양념 → 섞기
3. 꽃게 등껍질 안쪽 → 식용유 → 밀가루 → ② 소 채우기 → 중불에 찜
4. 대추채는 고명으로 꽃게찜 위에 올려 살짝 쪄서 완성

사슬적

생선살 양념 : 간장 1큰술, 소금 1/4작은술, 다진파·다진마늘·다진생강 약간
초간장 : 간장 1큰술, 식초 1/2큰술, 설탕 1/2큰술

만드는 법

1. 생선살 → 7×1×0.7cm → 생선살 양념
2. 꼬지에 끼우기 : 생선살(밀가루) → 양념한 고기 → 생선살(밀가루) → 양념한 고기 → 생선살
3. 잣 → 곱게 다진다.

우메기

집청 : 물엿 1컵, 꿀 1큰술, 물 1큰술

만드는 법

1. 찹쌀가루 + 멥쌀가루 + 소금 + 설탕 → 체에 내린다 → 막걸리 + 뜨거운 물 넣어 반죽한다.
2. (140℃) 지지듯이 노릇하게 튀긴다 → 집청 → 대추 고명

삼계탕

닭국물 양념 : 소금·흰후춧가루 약간

만드는 법

1. 닭의 뱃속 → 불린 찹쌀 + 밤 1개 + 마늘 3쪽 + 대추 2개 + 수삼
2. 냄비 → 닭 + 물 + 대파, 생강, 통후추, 수삼, 대추 1개 넣고 삶는다 → 국물(소금, 후춧가루)

부록 예상문제 43

조리기능장

대하잣즙무침

향미채소 : 대파 1/2대, 마늘 1개, 생강 1/3개
대하 밑간 : 청주 1큰술, 흰후춧가루 1/2작은술, 소금 1/2작은술
잣즙소스 : 잣 2큰술, 대하 육즙 2큰술, 소금 2/3작은술, 참기름 2작은술, 흰후춧가루 1/5작은술

만드는 법

대하 → 내장을 제거 → 접시에 담아 밑간 → 대파, 마늘, 생강을 편썰어 얹어 찐다(이때 나오는 육즙으로 소스를 만든다) → 포를 뜬다.

도라지정과

시럽 : 물 1컵, 설탕 2큰술, 물엿 1큰술, 꿀 1/3큰술

만드는 법

1. 도라지 → 껍질을 벗기기 → 자르고 쓴맛 제거 → 소금물 데치기
2. 시럽 만들어 조리기 : 냄비 → 물(1컵) + 도라지 + 설탕(2큰술) 넣어 끓어 오르면 → 약불 → 은근하게 조린다 → 물엿(1큰술) → 꿀(1/3큰술) → 윤기나게 조린다.

도미찜

도미 밑간 : 소금 1작은술, 생강즙 1작은술, 흰후춧가루 1/2작은술
소고기 양념 : 간장 1작은술, 설탕 1/2작은술, 다진파 · 다진마늘 · 참기름 · 깨소금 · 후춧가루 약간

만드는 법

도미 → 양면에 2cm 간격으로 칼집 → 밑간 → 칼집 사이에 양념한 소고기를 넣는다 → 찐다 → 오색 고명을 얹어 한 김을 올린다.

석류탕

육수 : 소고기(사태) 30g, 대파 1/3대, 마늘 1개, 국간장 · 소금 약간
만두소 양념 : 소금 · 다진파 · 다진마늘 · 참기름 · 깨소금 · 후춧가루 약간

만드는 법

1. 소 만들기 → 다진 소고기 + 다진 닭살 + 표고버섯(채), 무채, 미나리, 숙주, 두부
2. 반죽(직경 7cm) 민다 → 소 넣기 → 잣 + 주머니 모양 → 육수를 끓인다 → 만두를 넣어 익힌다 → 지단을 띄워낸다.

부록 예상문제 44

조리기능장

강란(생란, 생강란)

만드는 법

1. 생강 → 껍질 제거 후 얇게 저며 물을 넣어 갈고 물에 헹구어 생강물과 건더기를 분리한다.
2. 생강물 → 전분을 가라 앉힌다.
3. 생강 건더기 → 냄비에 물, 설탕, 소금을 넣어 약불로 조린 다음 생강전분 → 꿀(물엿) → 삼각뿔 생강모양 → 잣가루 → 완성

궁중닭찜

닭살 양념 : 소금, 다진파, 다진마늘, 참기름, 후춧가루 약간씩

만드는 법

1. 닭 → 5~6cm 토막 → 끓는 물 → 파, 마늘, 생강 → 삶아 닭살 찢어 양념
2. 표고, 목이, 석이버섯 → 채 썬다.
3. 냄비 → 닭 육수 → 닭살과 버섯 끓이기 → 간하고 밀가루 물 타서 농도조절 → 달걀 줄 알 치고 참기름 → 고명(석이버섯)

느타리버섯산적

소고기 양념 : 간장 · 설탕 · 다진파 · 다진마늘 · 참기름 · 깨소금 · 후춧가루 약간
느타리버섯 · 쪽파 양념 : 소금 · 참기름 약간

만드는 법

1. 느타리버섯은 데친다 → 소금, 참기름
2. 쪽파는 6cm 길이로 썬다 → 소금, 참기름
3. 느타리버섯, 쪽파, 소고기를 번갈아 끼워 석쇠에 얹어서 굽는다.

어채

흰살 생선 밑간 : 생강즙 1작은술, 청주 1큰술, 소금 1/2작은술, 흰후춧가루 1/8작은술
초고추장 : 고추장 2큰술, 간장 1/2작은술, 식초 1/2큰술, 설탕 1/2큰술, 마늘즙 1작은술, 생강즙 1/2작은술 + 잣가루 1작은술

만드는 법

(홍고추, 오이, 표고버섯, 석이버섯, 생선 → 녹말 묻힌다 → 끓는 물에 넣어 익힌다 → 찬물에 헹군다) → 2~3회 반복한다.

조랭이떡국

소고기편육 양념 : 소금 · 다진파 · 다진마늘 · 참기름 · 깨소금 · 후춧가루 약간
육수 : 소고기(양지머리) 50g, 물 5컵, 생강 · 대파 · 마늘 + 국간장 · 소금 약간

만드는 법

멥쌀가루 + 소금물 → 찐다 → 2cm 정도로 끊어 가운데를 문질러 0.5cm 두께로 비벼 누에고치 모양으로 만든다 → 장국에 넣어 끓인다 → 고기, 지단, 대파채, 실고추 얹어 낸다.

부록 예상문제 45

조리 기능장

대추죽

만드는 법

1. 대추씨 + 물 4컵 → 3컵이 될 때까지 끓인다.
2. 1의 대추 육수 + 대추살 → 1컵이 될 때까지 끓여 체에 내린다 → 찹쌀물을 붓는다 → 소금, 꿀 → 대추 고명

모약과

반죽 양념 : 청주 1큰술, 꿀 4큰술, 생강즙 1큰술, 소금 1/2작은술, 계핏가루 1/2작은술
집청 : 물엿(또는 조청) 1컵, 물 2큰술, 생강즙 1/2큰술

만드는 법

밀가루(2컵) + 소금(1/2작은술) + 설탕(1큰술)을 넣고 체에 내린다 → 참기름(3큰술)을 넣고 체에 내린다 → 반죽양념을 넣어 반죽한다 → 튀긴다 → 집청에 담근다 → 잣

소고기편채

소고기 밑간 : 맛술 1큰술, 소금 1작은술, 마늘즙 1작은술, 후춧가루 약간
겨자장 : 숙성된 겨자 1큰술, 식초 3큰술, 설탕 3큰술, 소금 1/2작은술, 간장 약간

만드는 법

1. 소고기 → 얇게 포를 떠서 밑간을 한다 → 찹쌀가루 묻힌다 → 팬(식용유) 지져내어 식힌다.
2. 고기 + 준비한 오이, 양파, 당근, 깻잎, 무순, 팽이버섯 넣어 만다.

어만두

소고기 · 목이버섯 · 표고버섯
양념 : 간장 1작은술, 설탕 1/2작은술, 다진파 · 다진마늘 · 참기름 · 깨소금 · 흰후춧가루 약간
만두소 양념 : 소금 · 다진파 · 다진마늘 · 참기름 · 깨소금 약간
초간장 : 간장 1큰술, 식초 1큰술, 설탕 1/2큰술

만드는 법

생선살 → 8×5×0.4cm (소금, 흰후춧가루) → 녹말 묻힌다 → 찜통에서 10분간 찐다.

양동구리

소양 양념 : 소금 · 다진파 · 다진마늘 · 참기름 · 흰후춧가루 약간
초간장 : 간장 1큰술, 설탕 1/2큰술, 식초 1/2큰술, 생강즙 1/8작은술, 잣가루 약간

만드는 법

소양 → 기름덩어리 제거(소금) → 끓는 물에 살짝 데친다 → 검은막 제거 → 곱게 다진다 → 녹두녹말가루 + 달걀 → 지진다.

부록 예상문제 46

> 조리기능장

가지선

만드는 법

1. 가지 5cm로 자르기 → 소금물 → 절이기
2. 오이, 당근 → 3cm로 잘라 돌려깎기 → 0.2cm 채+소금 → 볶기
3. 표고버섯, 소고기 → 채 → 볶기
5. 달걀(황·백) 지단 → 3cm 채 자르기
6. 가지소 넣기 → 녹말가루 → 3분 정도 찜

강란(생란, 생강란)

만드는 법

1. 생강 → 껍질 제거 후 얇게 저며 물을 넣어 갈고 물에 헹구어 생강물과 건더기를 분리한다.
2. 생강물 → 전분을 가라 앉힌다.
3. 생강 건더기 → 냄비에 물, 설탕, 소금을 넣어 약불로 조린 다음 생강전분 → 꿀(물엿) → 삼각뿔 생강모양 → 잣가루 → 완성

도라지대추나물

도라지 양념 : 다진파, 다진마늘, 깨소금, 참기름 약간

만드는 법

1. 도라지 → 6×0.5cm 가늘게 썬다. → 쓴맛 제거 → 물기 제거 → 양념
2. 대추 → 돌려깎기하여 채 썰기
3. 팬 → 식용유 → 도라지 볶다가 → 물 3큰술 → 뚜껑 덮어 가끔 볶으면서 익힌다. → 대추 채 → 참기름, 깨소금으로 완성

떡찜

찜 양념장 : 간장 3큰술, 설탕 2큰술, 다진파 1작은술, 다진마늘 1/2작은술, 참기름·깨소금·후춧가루 약간 + 육수 1컵
소고기 양념 : 간장 1큰술, 설탕 1/2큰술, 다진파·다진마늘·참기름·깨소금·후춧가루 약간

만드는 법

떡 → 4~6cm 길이로 잘라 십자가 모양으로 양 끝을 1cm 남기고 칼집 → 데친다 → 양념한 소고기를 칼집 사이에 끼워 넣는다.

석류탕

육수 : 소고기(사태) 30g, 대파 1/3대, 마늘 1개, 국간장·소금 약간
만두소 양념 : 소금·다진파·다진마늘·참기름·깨소금·후춧가루 약간

만드는 법

1. 소 만들기 → 다진 소고기 + 다진 닭살 + 표고버섯(채), 무채, 미나리, 숙주, 두부
2. 반죽(직경 7cm) 민다 → 소 넣기 → 잣 + 주머니 모양 → 육수를 끓인다 → 만두를 넣어 익힌다 → 지단을 띄워낸다.

부록 예상문제 47

조리 기능장

강란(생란, 생강란)

만드는 법

1. 생강 → 껍질 제거 후 얇게 저며 물을 넣어 갈고 물에 헹구어 생강물과 건더기를 분리한다.
2. 생강물 → 전분을 가라 앉힌다.
3. 생강 건더기 → 냄비에 물, 설탕, 소금을 넣어 약불로 조린 다음 생강전분 → 꿀(물엿) → 삼각뿔 생강모양 → 잣가루 → 완성

궁중닭찜

닭살 양념 : 소금, 다진파, 다진마늘, 참기름, 후춧가루 약간씩

만드는 법

1. 닭 → 5~6cm 토막 → 끓는 물 → 파, 마늘, 생강 → 삶아 닭살 찢어 양념
2. 표고, 목이, 석이버섯 → 채 썬다.
3. 냄비 → 닭 육수 → 닭살과 버섯 끓이기 → 간하고 밀가루 물 타서 농도조절 → 달걀 줄 알 치고 참기름 → 고명(석이버섯)

보쌈김치

만드는 법

1. 무, 배추 → 0.3×3×3cm 나박썰기
2. 배, 밤 → 편썰기
3. 미나리, 갓, 파, 낙지 → 3cm로 썰어 굴, 마늘채, 생강채와 김치 속으로 사용.
4. 겉배추 모양내고 속재료 담고 석이, 대추, 잣 고명으로 올린 후 국물을 부어 완성.

석류탕

육수 : 소고기(사태) 30g, 대파 1/3대, 마늘 1개, 국간장·소금 약간
만두소 양념 : 소금·다진파·다진마늘·참기름·깨소금·후춧가루 약간

만드는 법

1. 소 만들기 → 다진 소고기 + 다진 닭살 + 표고버섯(채), 무채, 미나리, 숙주, 두부
2. 반죽(직경 7cm) 민다 → 소 넣기 → 잣 + 주머니 모양 → 육수를 끓인다 → 만두를 넣어 익힌다 → 지단을 띄워 낸다.

어만두

소고기·목이버섯·표고버섯 양념 : 간장 1작은술, 설탕 1/2작은술, 다진파·다진마늘·참기름·깨소금·흰후춧가루 약간
만두소 양념 : 소금·다진파·다진마늘·참기름·깨소금 약간
초간장 : 간장 1큰술, 식초 1큰술, 설탕 1/2큰술

만드는 법

생선살 → 8×5×0.4cm(소금, 흰후춧가루) → 녹말 묻힌다 → 찜통에서 10분간 찐다.

부록 예상문제 48

조리기능장

게감정

게 육수 : 소고기(사태 또는 양지머리) 30g, 파 1/3대, 마늘 1개, 생강 1/2개, 물 4컵
소 양념 : 소금 1/2작은술, 생강즙 1/2작은술, 다진 파 · 다진마늘 · 참기름 · 깨소금 · 후춧가루 약간

만드는 법

1. 소고기 육수 + 고추장, 된장, 다진마늘 → 게다리 + 자투리 + 무 넣고 끓인다.
2. 게 등딱지 → 안쪽에 식용유 → 밀가루 → 소 넣가 → 밀가루 → 달걀 노른자 → 팬에서 지진다.

대하잣즙무침

향미채소 : 대파 1/2대, 마늘 1개, 생강 1/3개
대하 밑간 : 청주 1큰술, 흰후춧가루 1/2작은술, 소금 1/2작은술
잣즙소스 : 잣 2큰술, 대하 육즙 2큰술, 소금 2/3작은술, 참기름 2작은술, 흰후춧가루 1/5작은술

만드는 법

대하 → 내장을 제거 → 접시에 담아 밑간 → 대파, 마늘, 생강을 편썰어 얹어 찐다(이때 나오는 육즙으로 소스를 만든다) → 포를 뜬다.

찰수수부꾸미

만드는 법

1. 찹쌀가루+수수가루 → 익반죽하고 밤은 삶아 체에 내려 꿀+계피가루 → 3×1.5cm로 소만들기
2. 설탕+물 → 집청시럽
3. 직경 6cm → 반달 모양 → 지져 익힌다 → 대추, 쑥갓 잎, 비늘잣을 올린다 → 시럽을 뿌린다.

어만두

소고기 · 목이버섯 · 표고버섯 양념 : 간장 1작은술, 설탕 1/2작은술, 다진파 · 다진마늘 · 참기름 · 깨소금 · 흰후춧가루 약간
만두소 양념 : 소금 · 다진파 · 다진마늘 · 참기름 · 깨소금 약간
초간장 : 간장 1큰술, 식초 1큰술, 설탕 1/2큰술

만드는 법

생선살 → 8×5×0.4cm(소금, 흰후춧가루) → 녹말 묻힌다 → 찜통에서 10분간 찐다.

월과채

소고기 · 표고버섯 · 느타리버섯 양념 : 간장 1큰술, 설탕 1/2큰술, 다진파 · 다진마늘 · 참기름 · 깨소금 · 후춧가루 약간

만드는 법

1. 애호박은 눈썹모양으로 자른다.
2. 전병부치기 → 찹쌀가루 + 밀가루 + 소금물

부록 예상문제 49

조리기능장

만두과

만드는 법

1. 밀가루+소금+후춧가루+참기름 → 비벼서 체에 내린다+생강즙에 꿀(4큰술), 청주(2큰술) → 반죽
2. 다진 대추+꿀+계핏가루 → 소 만들기
3. 즙청시럽 만들기 → 모양만들기 → 140℃에서 튀겨내기 → 즙청시럽 담그기 → 체에 밭쳐서 완성

사슬적

생선살 양념: 간장 1큰술, 소금 1/4작은술, 다진파·다진마늘·다진생강 약간
초간장: 간장 1큰술, 식초 1/2큰술, 설탕 1/2큰술

만드는 법

1. 생선살 → 7×1×0.7cm → 생선살 양념
2. 꼬지에 끼우기 : 생선살(밀가루) → 양념한 고기 → 생선살(밀가루) → 양념한 고기 → 생선살
3. 잣 → 곱게 다진다.

용봉탕

닭살 양념: 소금·다진파·다진마늘·후춧가루 약간

만드는 법

1. 잉어는 피를 빼준 다음 5cm 크기로 자른다.
2. 닭고기육수+잉어, 밤, 대추 → 끓인다 → 소금+국간장 → 밤, 대추, 지단, 석이버섯채 얹는다.

장김치

만드는 법

배추, 무 절인다(간장) → 물 2컵+절였던 간장 3큰술+소금+설탕 → 준비된 재료를 넣는다.

전복죽

만드는 법

냄비 → 참기름+전복 넣고 볶는다 → 불린 쌀 → 물 넣기(6배) → 소금 → 전복을 고명으로 얹는다.

부록 예상문제 50

조리 기능장

소갈비구이

양념장 : 간장 3큰술, 설탕 2큰술, 배즙 1큰술, 양파즙 1큰술, 다진파 · 다진마늘 · 참기름 · 깨소금 · 후춧가루 약간

만드는 법

1. 갈비뼈의 한쪽 면을 살이 붙어 있도록 저민다 → 대각선 칼집을 깊숙이 넣는다 → 갈비는 양념장에 적셔 고르게 무쳐 재워 놓는다.
2. 석쇠 → 갈비를 굽는다 → 잣가루를 뿌린다.

두부선

전체 양념 : 소금 1/2작은술, 다진파 · 다진마늘 · 참기름 · 깨소금 · 후춧가루 약간
고명 : 황 · 백지단, 표고버섯, 실고추, 석이버섯, 비늘잣
초간장 : 간장 1큰술, 식초 1/2큰술, 설탕 1/2큰술

만드는 법

1. 전체 양념 → 두부 + 닭고기 + 홍고추 + 풋고추
2. 젖은 면포 → 두께 1cm 크기로 네모지게 고루 펴기 → 고명 얹기 → 찌기

예상문제 50

율란 · 조란

율란 - 만드는 법

밤 → 삶는다 → 반으로 갈라 속을 파낸다 → 체에 내린다 → 뭉친다(꿀 + 계핏가루 + 소금).

조란 - 만드는 법

1. 대추는 씨를 제거하고 찜통에 살짝 찐 다음 곱게 다진다.
2. 다진 대추 → 계핏가루 + 꿀 → 팬에서 약불로 조린다 → 뭉친다 → 통잣을 박는다(꼭지부분).

편수

육수 : 소고기 30g, 대파 1/2대, 마늘 2개, 통후추 약간, 물 + 국간장 · 소금 약간
소고기 · 표고버섯 양념 : 간장 1큰술, 설탕 1/2큰술, 다진파 · 다진마늘 · 참기름 · 깨소금 · 후춧가루 약간
초간장 : 간장 1큰술, 설탕 1/2큰술, 식초 1큰술

만드는 법

1. 만두피 → 지름 8cm 크기의 정사각형
2. 소 만들기 → 숙주, 오이, 호박, 소고기, 표고버섯
3. 만두피 → 소를 넣고 잣을 얹어 → 네 귀를 모아 네모지게 빚는다 → 찐다(10분).
4. 편수를 찬 육수에 띄우고 지단을 고명으로 얹는다.

취업이 가장 잘되는 서비스분야 자격시험문제 서적!!

한식조리기능사
실기시험문제
전경철
20,000원

최신 조리 산업기사&기능장
필기시험문제
전경철 · 김은영 · 송연미 · 나경하
30,000원

완전합격 한식조리기능사
실기시험문제
김명희 · 하재만
20,000원

일식 · 복어 조리기능사
산업기사 실기시험문제
전경철
18,000원

합격핵심포인트
조리기능사 필기시험문제
전경철
22,000원

최신 조리 산업기사&기능장
시험 총정리문제
전경철 · 김은영 · 송연미 · 나경하
22,000원

한식 조리산업기사
실기시험출제문제
전경철 · 김은영 · 임점희
28,000원

완전합격 양식조리기능사
실기시험문제
김명희 · 하재만
18,000원

NEW 완전합격 제과제빵
기능사 필기시험문제
김창석
25,000원

완전쉽다! 제과제빵기능사
필기시험 총정리합격문제
최보선
19,000원

완전합격 제과제빵기능사
실기시험문제
이노운 · 위재상 · 김창석 · 신윤섭
25,000원

조주기능사 필기시험문제
배승근
22,000원

최고의 적중률과 합격률을 자랑하는 크라운출판사 수험서로 쉽고 빠르게 시험에 합격하십시오!

집에서 즐기는 생활요리!
크라운출판사 요리·음료 도서로 쉽게 만드세요!

★ 만능소스 황금레시피!!
  – 윤희숙 / 15,000원

★ [앙토낭카렘] 제과장이 공개하는
  잘 팔리는 빵&디저트 실전레시피 56
  – 김종철 / 25,000원

★ 홀릭 커피&바리스타
  – 허정봉 · 한준섭 / 17,000원

★ ALL OF THE LATTE ART(올 오브 더 라떼아트)
  – 한준섭 · 전유정 · 김영은 / 18,000원

★ 내 몸이 좋아하고 맛있는 건강 약선요리 레시피 115
  – 윤희숙 / 20,000원

★ 건강차가 내몸에 최고 !!
  – 김명희 · 이미진 · 박영은 / 20,000원

조리기능장
실기시험문제 한식편

발 행 일 2018년 5월 10일 개정5판 1쇄 발행
         2020년 1월 10일 개정5판 2쇄 발행

저   자 전경철

발 행 처

발 행 인 이상원
신고번호 제 300-2007-143호
주   소 서울시 종로구 율곡로13길 21
대표전화 02)745-0311~3
팩   스 02)743-2688
홈페이지 www.crownbook.com
I S B N 978-89-406-2853-9 / 13590

특별판매정가 27,000원

이 도서의 판권은 크라운출판사에 있으며, 수록된 내용은
무단으로 복제, 변형하여 사용할 수 없습니다.
         Copyright CROWN. ⓒ 2020 Printed in Korea

이 도서의 문의를 편집부(02-6430-7027)로 연락주시면
친절하게 응답해 드립니다.